首都经济贸易大学出版资助
北京市社会科学基金：北京企业品牌国际化经营问题研究（项目编号：15JGB039）

北京市上市公司品牌国际化经营问题研究

首都经济贸易大学出版社
Capital University of Economics and Business Press
·北 京·

图书在版编目（CIP）数据

北京市上市公司品牌国际化经营问题研究/张松波著．--北京：首都经济贸易大学出版社，2020.5

ISBN 978-7-5638-3012-1

Ⅰ.①北…　Ⅱ.①张…　Ⅲ.①上市公司—跨国经营—研究—北京　Ⅳ.①F279.246

中国版本图书馆 CIP 数据核字（2019）第 244291 号

北京市上市公司品牌国际化经营问题研究
张松波　著
Beijingshi Shangshi Gongsi Pinpai Guojihua Jingying Wenti Yanjiu

---

责任编辑	赵　杰
封面设计	风得信·阿东 FondesyDesign
出版发行	首都经济贸易大学出版社
地　　址	北京市朝阳区红庙（邮编 100026）
电　　话	（010）65976483　65065761　65071505（传真）
网　　址	http：//www.sjmcb.com
E-mail	publish@cueb.edu.cn
经　　销	全国新华书店
照　　排	北京砚祥志远激光照排技术有限公司
印　　刷	北京玺诚印务有限公司
开　　本	710 毫米×1000 毫米　1/16
字　　数	183 千字
印　　张	10.75
版　　次	2020 年 5 月第 1 版　2020 年 5 月第 1 次印刷
书　　号	ISBN 978-7-5638-3012-1
定　　价	42.00 元

前　言

2013年初，中国超越美国成为世界货物贸易第一大国。与之形成鲜明对照，当时中国出口企业自主品牌建设较为薄弱，自主品牌出口占全国出口总额比重较低，具有世界知名度的品牌寥寥无几。近几年，全球经济发展放缓，美国挑起贸易战，试图堵住中国贸易出口，而中国致力于推动构建新型国际关系，打造人类命运共同体，积极推进经济全球化，开创性地提出“一带一路”倡议。同时，中国出口企业也纷纷进行创新升级、努力打造自主品牌，跟随着国家提质增效的大基调。北京作为中国首都，是对外贸易最活跃的地区之一，然而企业品牌国际化情况仅与全国整体水平大体相仿。《北京市“十二五”时期对外经贸发展规划》明确提出：为促进外贸转型升级，将实施品牌战略，提升国际竞争力，培育自主品牌产品，打造一批具有自主知识产权和自主品牌、国际竞争力较强的优势企业。

基于以上背景，本研究以北京市上市公司品牌国际化经营为出发点，通过梳理和分析国内外已有研究，综合运用多种研究方法，提出品牌国际化相关研究模型，以期厘清北京市上市公司品牌国际化经营的现状（包括品牌国际化的成长方式和战略选择等方面），并选择小米科技有限责任公司（后文简称“小米公司”）和北汽福田汽车股份有限公司（后文简称“福田汽车”）作为案例进行深入分析和研究，进一步探究我国企业品牌国际化发展实践，并最终提出针对企业品牌国际化的优化对策和政策建议。

众人拾柴火焰高，本研究得以完成，要感谢每一位给予我建议和意见的人。首先，特别感谢对外经济贸易大学国际商学院郝旭光教授的持续助力，对本研究提出了多轮细致的修改建议，郝教授系统严谨的科研态度深深感染了我；其次，感谢首都经济贸易大学工商管理学院的研究生林峥琪同学、刘寒秋同学、刘荣同学以及本科生吕昊天同学、汪和佳同学给予本研究的帮助；最后，感谢我的同事、朋友和家人们一直以来对我的关怀和帮助。

目　录

1

导论

1.1 企业品牌国际化经营问题研究选题背景

自2001年加入世界贸易组织（WTO）以来，中国逐渐融入经济全球化进程。中国本土企业开始了与国际企业的合作与竞争，吸收和借鉴知名企业在国际化业务方面的先进经验。在此过程中，中国企业积极响应走出去的政策，结合实际情况，摸索出适合中国企业发展国际化业务的道路。“一带一路”倡议，是要与周边国家努力构建经济共同体，鼓励中国企业走出国门，进行国际化经营，且“一带一路”的沿线国家均是发展中国家，市场发展潜力巨大，中国企业更应该抓住这个机遇，进行国际化发展。中国企业在发展国际化业务中时，与其他国家企业展开激烈竞争，逐渐意识到品牌的重要性。一个耳熟能详、人尽皆知的品牌可以将本企业与其他企业区分开来，能代表本企业相关产品形象，且能促使客户脑海中形成对该企业产品相应的服务感知，同时区别其他同类型产品，达到销售促进、区别定价、提升市场份额等目的。

英国BrandFinance品牌顾问公司在2018年2月2日公布的全球前100品牌价值榜单中，中国上榜的最具价值的品牌有22个，相比2017年的15个增加了6个品牌，新增的6个品牌分别为：茅台（Moutai）、上海浦东发展银行（Shanghai Pudong Development Bank）、百度（Baidu）、恒大（Evergrande）、五粮液（Wuliangye）、国家电网（StateGrid）。现如今，中国企业的品牌建设不仅仅局限在高新技术领域，而是多产业多领域共同发展，且与西方优势品牌的差距不断缩小。中国品牌从2008年进入BrandFinance品牌价值榜单以来，由最早的总价值占比3%逐渐增长至现在的15%，总价值也从923亿美元飙升至2018年的9 115亿美元，总体增长了近10倍。

然而在Interbrand品牌咨询公司公布的2017年全球最佳品牌100强中，中国上榜品牌仅为2个，并且都是科技型公司，这两个品牌分别为：华为（HUAWEI）、联想（Lenovo）。在此榜单中，美国上榜品牌为51个，涉及科技、金融、快递、快消品、零售、媒体、汽车、奢侈品、酒水饮料等领域。德国上榜品牌10个，主要为汽车产业；法国上榜品牌8个，主要为奢侈品领域；日本上榜品牌6个，主要为科技和汽车领域。Interbrand最佳100强榜单与BrandFinance全球前100品牌价值榜单不一样，其传统品牌价值排行榜是以财务数据为主，如提成率、特定品牌收入、品牌历史收入、净现值等数据，而Interbrand品牌咨询公司则认为一个品牌的价值不能仅仅由其营收数据所决定，而是应该参考多重因素，其中包括品牌强度、品牌授权潜在价值、未来的销售额以及品牌未来收益的归属等。在这些方面，中国品牌国际化发展仍然存在一些问题，需要继续深入研究。

随着中美贸易摩擦不断加剧，美对华不断升级贸易摩擦，对华强行加征关税，不仅对中美贸易短期内造成了较强的负面影响，同样也给世界贸易造成了重回“贸易保护主义”和“逆全球化”的不利局面。可以说，贸易战的表面之下是品牌于无声处的较量，是更广泛地传播自有文化、影响对方生活方式的比拼。贸易战阻碍了中国商品的对外输出，同时更影响了中国品牌走出去、塑造全新国家形象的进程。在此背景下，中国企业品牌国际化更加艰难。一般而言，企业品牌国际化是企业国际化战略成熟的一个重要标志。从品牌国际化的角度来思考，中国的服务品牌仍然处于发展建设阶段，在与国外品牌竞争中仍然存在一些问题。所以，我国企业在国际竞争中如何由“产品品牌”向“服务品牌”转变，还需要积极探索和解答。因此，对中国企业品牌国际化的研究显得十分重要。

1.2 研究主题与研究意义

1.2.1 研究主题

现阶段世界经济结构以及商品贸易模式的转变，促使了国际市场基本结构的转变。传统以产品为导向生产发展的企业开始转型以消费者、服务为导向，世界各国企业开始寻求差异化战略持续带来的较高的收益。当今世界各国已经将服务营销理论纳入对外贸易之中，从而推动服务型经济的发展。

近年来，专家、学者、企业家们对企业乃至国家的品牌发展做出了不懈努力，“中国制造”也在逐渐向“中国创造”转变。未来的全球市场营销从传统的商品营销转为更具优势的品牌塑造，是品牌与品牌之间的“战争”。现阶段对品牌国际化的研究也比之前更为深入，但是对品牌国际化发展过程中的整体运营问题，比如企业的路径选择与实施等研究相对较少。因此，本书从企业的角度出发，以北京市上市公司为对象，探索北京市上市公司中具有国际化业务的企业品牌国际化运营现状，由此提出品牌国际化运营的一些论点。希望本书相关研究能对企业品牌国际化发展贡献些许价值。

1.2.2 研究意义

2013 年，中国超越美国成为世界货物贸易第一大国。与之形成鲜明对照，中国出口企业自主品牌较弱，2012 年中国出口企业中拥有自主品牌的达到 20%，自主品牌出口占中国出口总额的比重仅为 7.5%，具有世界知名度的品牌寥寥无几。北京作为中国首都，是对外贸易最活跃的地区之一，然而企业品牌国际化情况仅与全国整体水平大体相仿。根据《北京市“十二五”时期对外经贸发展规划》，为促进外贸转型升级，将实施品牌战略，提升国际竞争力，培育自主品牌产品，形成一批具有自主知识产权和自主品牌、国际竞争力较强的优势企业。

本书的理论意义主要体现在：①有助于深化品牌国际化经营理论。品牌国际化当前的研究成果欠缺从微观层面对企业行为规律的探寻，本书围绕北京企业品牌国际化经营行为展开规范分析和检验，有助于将品牌国际化研究从对宏观表征的分析延伸至对微观演进规律的揭示。②有助于拓展品牌国际化与制度的关系研究。本书依据制度理论与协同演化理论，挖掘基于交互效应的动态过程体系，构建了品牌国际化的三阶段模型，有助于促进品牌国际化理论与制度理论的融合。

本书的实践意义主要体现在：①有助于指导北京企业的品牌国际化经营。研究致力于分析北京企业的品牌国际化经营行为和规律，总结和提炼优化对策，对促进北京企业培育自主品牌产品，提升国际竞争力具有现实意义。②能够为北京市健全品牌国际化经营制度环境提供参考。如何在制度变革和经济转型的动态环境中，通过制度引导和鼓励品牌国际化经营活动更好地符合产业升级和外贸转型的趋势，是亟待解决的现实问题。本研究能够提供制度、政策方面的建议。③从国家的层面出发，要加快中国企业的品牌国际化发展，必须理论结合实际，走一条适应中国国情的品牌国际化发展道路。在此过程中，国家除了通过相关政策推动外，还要在国际市场营造适合中国企业品牌国际化发展的环境。

1.3 关键概念界定

1.3.1 企业国际化

企业国际化自20世纪开始成了国际商务领域学者研究的重点，学者分别从不同角度对企业国际化给予了界定。

从企业国际化发展阶段的角度进行分析，Johanson① (2010) 等学者认为企业国际化是一个由国内市场逐渐发展延伸至国际市场的演变过程，是企业在实现国际地理空间跨域时表现在企业层次的活动，并提出了企业国际化阶段理论（uppsala international model)。理查德·罗宾逊② (1998) 则揭示了企业国际化是其自身不断追逐并适应国际市场的有意识的主动行为，认为企业国际化是企业参与国际市场竞争的一种行为。同时也有部分学者从企业跨国经营角度出发，认为企业国际化涵盖了技术和知识转移、运输、国际贸易等方面的过程（Young③，2003)。

综上所述，本书认为企业国际化是指企业经营摆脱单一的地域，积极融入国际分工体系，以国际市场为导向实现跨国（或全球）布局，资本、人力

① Johanson J, Vahlne J E. The internationalization of the Firm-Four Swedish cases [J]. Jouranal of management studies, 2010, 12 (3): 305-323.

② 理查德·罗宾逊. 企业国际化导论 [M]. 北京：对外贸易教育出版社，1989.

③ Young S, Hood N, Dunlop S. Global Strategies, Multinational Subsidiary Roles and Economic Impact in Scotland (1988) [J]. Palgrave Macmillan UK, 2003, 22 (6): 487-497.

等各类资源实现全球配置，企业逐步实现全球化发展的过程。

1.3.2 品牌国际化

品牌国际化是经济全球化背景下的产物，品牌国际化能够提升企业自有品牌形象，从弱势品牌向强势品牌转型。然而至今，品牌国际化概念仍缺乏权威定义。品牌国际化作为一个名词，最早是由 Levitt①（1983）提出的，他指出品牌国际化是产品在国际层面的标准化。Jery 和 Fernando②（2007）将其大致分为狭义和广义两种，Jery 认为品牌国际化是"企业国际化过程中的品牌名称决策"问题，Fernando 则认为品牌国际化是企业"在海外向目标顾客展示积极形象并建立企业品牌资产的发展过程"。经过研究，学者们对国际化的定义大致分为两类：

（1）强调品牌自身。企业在品牌跨国经营时涉及自身的品牌名称、品牌视觉、声音要素和品牌个性的被称为品牌国际化（Whitelock 和 Fastoso③，2007），是在国际市场上品牌架构的重新设定（Douglas④ et al.，2001）。而更多学者将品牌国际化加上了地理因素，认为品牌国际化是由本土向国外延伸以及扩张的长期历史过程（韦福祥⑤，2001）。当一个企业用相同的品牌名称和图案标识，进入一个对本企业来说全新的国家，开展品牌营销，就是品牌国际化（宋永高⑥，2003）。日本学者大石芳裕⑦（2004）将涉及的地理因素

① Levitt T. The globalization of markets [J]. Harvard Business Review, 1983, 61 (3): 92-102.

② Whitelock J, Fastoso F. Understanding international branding: defining the domain and reviewing the literature [J]. International Marketing Review, 2007, 24 (3) : 252-270.

③ Whitelock J, Fastoso F. Understanding international branding: defining the domain and reviewing the literature [J]. International Marketing Review, 2007, 24 (3) : 252-270.

④ Douglas S P, Craiga C S, Edwiu J N. Executive Insights: Integrating Branding Strategy Across Markets: Building International Brand Architecture [J]. Journal of International Marketing, 2001, 9 (2): 97-114.

⑤ 韦福祥. 品牌国际化：模式选择与度量 [J]. 天津商学院学报，2001（01）：27-30.

⑥ 宋永高. 中国品牌国际化的市场选择模式 [J]. 商业研究，2003（13）：148-149.

⑦ （日）大石芳裕. 全球品牌管理 [M]. 东京：东京白桃书房，2004.

进行了限制，认为只有企业品牌打入国际主流市场（主要指欧、美、日等发达国家市场）并被市场接受，才能算作该企业完成了品牌国际化。本书认为，品牌国际化是一种企业战略决策，是企业运用自身的品牌向海外（特别是国际主流市场）输出品牌价值的过程。

（2）品牌国际化是企业国际化的深层次延伸。它着眼于国际目标市场，以消费者为导向，提供有特色的产品或服务，因此需整合各种营销手段和方式，从产品质量、企业形象、原产地等各个方面建立强有力的独特联想（Keller[①]，1998），在国际市场建立具有鲜明的品牌形象和独特的品牌资产。

1.3.3 企业竞争力

企业竞争力是竞争力的形态之一，20 世纪 80 年代初初步形成了企业竞争力相关理论，但迄今为止，学界在企业竞争力的定义上仍未达成一致。从竞争对手比较的角度来看：企业竞争力是企业能够在世界市场上均衡地生产出比其他竞争对手更多的财富（WEF[②]，1997）；企业竞争力是一个企业比竞争对手更有效地满足消费者需求的能力（菲利普·科特勒[③]，2001）。从企业自身资源来看，企业竞争力是由企业一系列特殊资源组合而形成的占领市场，获得长期利润的能力（曹建海[④]，2000）。上述两个视角的定义各有侧重，均有一定的局限性。企业竞争力是一个较为复杂的概念，同时受到企业自身内部因素以及企业外部竞争环境的影响。

因此，本书从综合概括分析的角度进行界定，综合考虑企业的资源、能力以及企业的外部竞争环境，从企业层面对企业品牌国际化路径进行划分。

---

① Keller K L. Strategic brand management［M］. Upper Saddle River, NJ: Prentice Hall, 1998.

② World Economic Forum（WEF）. The World Competitiveness Report, 1997.

③ 菲利普·科特勒，加里·阿姆斯特朗市场营销［M］. 余利军，译. 北京：华夏出版社，2001：121-135.

④ 曹建海. 过度竞争论［M］. 北京：中国人民大学出版社，2000：10-11.

1.3.4 产业国际竞争力

产业国际竞争力是一个国家（地区）某一产业通过在国际市场上销售其产品而反映出来的生产能力（金碚①，1997），是衡量该产业在国际分工中比较优势的重要指标。波特②（Porter，1990）认为一国（或者地区）的产业发展态势和质量在很大的程度上决定着该地区的经济发展水平。后续学者们开始广泛对其进行研究，包括组织、贸易、环境等方面对产业国际竞争力的影响。测量产业国际竞争力的常用指标为 Balassa③（1965）提出的显示性比较优势指数（revealed comparative advantage index，简称 RCA），其公式为：

$$RCA_{i,t}=\frac{\text{第 }t\text{ 年 X 国 }i\text{ 产业出口额}/\text{第 }t\text{ 年 X 国总产业出口额}}{\text{第 }t\text{ 年全球 }i\text{ 产业出口额}/\text{第 }t\text{ 年全球总产业出口额}}$$

其中，i 表示产业，t 表示年份，X 表示国家。该指数表示，同 i 产业与出口额在全球出口额中的比重相比，X 国家 i 产业出口额在出口总额中的地位。RCA 指数越大，说明该产业在 X 国外贸出口中的地位越重要，国际竞争力越强。

综上，产业国际竞争力是一个国家（或地区）的某一产业在国际上的定位，即该产业现有的国际竞争力状态。

1.3.5 制度距离

企业所在国家与东道国之间的制度距离（institutional distance）可以简单地解释为两个国家或者地区之间制度环境的差异性，是由 Kostova④（1996）

① 金碚. 中国工业国际竞争力——理论、方法与实证研究［M］. 北京：经济管理出版社，1997：31.

② （美）迈克尔·波特. 国家竞争优势［M］. 李明轩，邱如美，译. 北京：中信出版社，2012.

③ Balassa B. Trade Liberation and Revealed Comparative Advantage［J］. The Manchester School of Economic and Societal Studies，1965（33）：99-123.

④ Kostova T. Success of the Transnational Transfer of Organizational Practices within Multinational Companies［D］. Minneapolis：University of Minnesota，1996.

以制度理论为基础首次提出的。他指出制度距离经常用来衡量两个国家或地区之间管制、规范以及认知层面的差异度。在此基础上，Xu①（2001）进一步将制度距离细分，划分成管制距离、规范距离和认知距离三种指标。其中，两个国家或者地区之间法制环境的差异被称为管制距离；两个国家或者地区之间社会规范的差异被称为规范距离；两个国家或者地区之间信仰等因素的差异被称为认知距离。由此可以看出，制度距离在一定程度上涵盖了国家或者地区之间管制环境、规范环境、认知环境的差异，并且使学者们对两个国家或者地区之间的差异有了更加深入的理解。由此，制度距离是两个国家或者地区之间的文化、环境、价值观等方面的综合差异。

1.4 研究思路和方法

本书的研究思路呈现以下关联环节：①立足北京企业品牌国际化经营的现实背景，分析文献成果，梳理研究课题的核心概念，开展前沿理论评析，确立研究框架；②借鉴战略管理分析框架，分析北京企业品牌国际化经营的成长方式和战略选择，突出文化传播视角分析，探索国际市场中弱势品牌企业的品牌战略；③基于本研究提出的理论框架，选择小米科技有限责任公司（后文简称“小米公司”）和北汽福田汽车股份有限公司（后文简称“福田汽车”）作为案例进行深入分析和研究，进一步探究我国企业品牌国际化发展实践；④最后对研究结果进行讨论和挖掘，进行理论总结，提出针对性的优化对策和政策建议。本研究采用的主要方法有以下几种。

（1）文献分析法。通过多种途径查找、收集、梳理与本研究主题有关的各种文献和资料，通过进一步思考、归纳和提炼现有文献的研究思路、方法和理论进展，探寻本研究的理论支撑和创新突破。基于对品牌国际化为核心的相关理论文献的梳理与研究，明确本研究的核心变量、逻辑关系、基础理

---

① Xu D. The Effect of Institutional Distance on Multinational Enterprise Strategy［D］. North York: York University, 2001.

论等。

（2）案例研究法。首先，根据 Eisenhardt①（1989）关于案例研究中案例数量和类型的一般要求，结合研究团队自身与各个行业的联系，以理论抽样为原则，在本研究所分类的行业中选择几家较为典型的企业进行跨案例分析，分析策略采用模式匹配方法，即先深入研究每个个案来探索一个初步的理论解释，然后再探究一系列个案，分析所找到的模式是否与前面的模式相匹配，或者探究该模式依据的理论在某些案例上是否明显，最终得到关于企业品牌战略国际化实施方面的理论；其次，选择小米公司和福田汽车两家企业作为具体案例进行分析，探讨其品牌的国际化发展。

（3）量化研究法。在北京市上市公司品牌国际化现状及分析阶段，通过对数据库和相关渠道搜集得到的北京市上市公司品牌国际化经营数据进行量化分析，对北京市企业在品牌国际化方面的现状进行全面调查。

（4）内容分析法。利用定性形式存在的二手数据资料，通过对信息内容的分析，识别关键语句，提取所需要的变量信息，通过编码转化成定量形式的数据。将内容分析法作为一种较为客观的研究方法，通过对文献内容"量"的分析，找出能反映相关文献内容的本质而又易于计数的特征，用数字说明问题，从而解决定性研究的主观性和不确切性的问题，达到对文献"质"的更深刻和精确的认识。本研究的调研数据主要来源于上市公司 2016 年至 2017 年企业年报、公司网站以及北京上市公司协会等相关数据库。

---

① Eisenhardt KM. Building Theories from Case Study Research [J]. Academy of Management Review, 1989.

2

企业品牌国际化研究综述

随着经济全球化程度的不断加深，越来越多的学者着眼于品牌国际化的研究。品牌国际化是指企业从全球经营视野出发来制定企业品牌战略，并通过相应的品牌营销活动树立企业全球性品牌形象的活动及过程（王卫红、张超[①]，2012）。在实施品牌国际化的实际过程中，企业有多种方式开拓国外市场。本章将对企业的市场进入路径、品牌成长方式、品牌国际化战略及其相应的影响因素等研究进行综述。

2.1 市场进入路径研究

2.1.1 市场进入路径概述

20 世纪 70 年代中期以来，以 Jahanson 和 Vahlne[②]（1990）为代表的北欧学派通过对瑞典企业海外经营的过程展开研究分析，提出了企业进入国际市场的渐进式发展模式。该理论认为，大多数企业走向国际化都是一个从量变到质变的长期演变过程，企业先在国内创立品牌、悉心经营，在做大做强后走出国门，并提出了企业经营国际化的五个阶段：国内营销阶段—前出口阶段—实验性卷入阶段—积极出口阶段—国际战略阶段（Cavuagil[③]，1980）。而 Forsgren[④]（2002）则在研究近几年的企业国际化文献后，对渐进式发展模式提出了挑战。由此，朱晞颜（2002）、周正平（2007）等学者将进入国外市场分为两类：渐进式发展与跳跃式发展。关于中国企业“走出去”的发展模式，大多数学者的观点为渐进式发展模式。大多企业走向国际的扩张顺序基本遵

① 王卫红，张超．珠三角企业品牌国际化路径模式及其启示［J］．战略决策研究，2012，3（01）：66-71.

② Johanson J，Vahlne J E. The Mechanism of Internationalization［J］. International Marketing Review，1990，7（4）：11.

③ Cavuagil S T. On the Internationalization Process of Firms［J］. European Research，1980（8）.

④ Forsgren M. The Concept of Learning in the Uppsala Internationalization Process Model：A Critical Review［J］. International Business Review，2002，11（3）：257-277.

循“由近及远，先熟悉后陌生”的路线：本地市场—地区市场—全国市场—海外相邻市场—全球市场（林俐①，2003；周正平②，2007）。企业先从风险较低、投资较少的项目开始，然后再一步步地积累国际化经验，在国际市场上进行历练，从而提升企业实力，为开展收购项目等积蓄力量（卢孜恒、陆亚琴③，2011）。让企业逐渐投入到跨国经营中，从而得到稳定的发展（吕艳霞④，2012）。然而随着经济不断地发展，中国企业的实力也不断增强，企业开展跨国经营不必按部就班，而是可以采取跨越式发展模式（朱晞颜、李汉铃⑤，2002）。跨越式发展模式是指在新的国内外环境下，企业不一定完全按照国际化的步骤缓慢向前发展，而是依据企业自身的条件开展跨国经营，如运用对外投资等方式进入国外市场。由于各个企业内部条件不同和所处环境因素不同，两种发展模式各有其优劣势。一般情况下，当目标市场中的环境、竞争程度等相似度较高的时候，企业的品牌国际化阻碍较小，适用跳跃式发展模式；而当目标市场中的环境相似度较低，但竞争程度相似度较高时，适用于渐进式发展模式，企业可以逐步熟悉海外市场，积累国际化经验，渐进地拓展国外市场；当目标市场中的环境相似度较高，但竞争程度相似度较低时，企业也可以使用渐进式模式发展品牌国际化，逐步提高企业自身的竞争力（黄琬舒⑥，2011）。

---

① 林俐．国际化经营两大发展模式的比较研究［J］．国际贸易问题，2003（04）：32-35.

② 周正平．中国民营企业跨国经营成长模式及选择［J］．特区经济，2007（10）：97-99.

③ 卢孜恒，陆亚琴．我国民营企业“走出去”的风险和战略选择［J］．时代金融，2011，（4）：81-82.

④ 吕艳霞．民营企业跨国经营的渐进式发展模式选择——以华为为例［J］．价值工程，2012，31（35）：116-118.

⑤ 朱晞颜，李汉铃．论中国企业跨国经营的跨越式发展模式［J］．国际贸易问题，2002（09）：40-44.

⑥ 黄琬舒．后危机时代我国企业的品牌国际化经营模式探究——基于格兰仕和海尔的案例视角［J］．中国商贸，2011（17）：194-195.

宋永高[①]（2003）、苏勇（2003[②]；2007[③]）、孙晓强（2007）等学者则认为在品牌国际化进程中，企业首先要考虑的问题是进入什么类型的国家以及地区。目前，世界的市场可以大致分为三个层次：第一层次是以西欧、美国、日本为代表的发达国家市场；第二个层次是以东欧、南非、印度尼西亚等为代表的中等发达国家市场；第三个层次是以缅甸、中非等为代表的不发达国家市场。众多学者认为，市场进入的路径主要分为三种：先进入不发达国家市场，先进入发达国家市场，以及先进入中等发达国家市场。三种进入路径的比较见表 2-1。

表 2-1 市场进入路径优劣势比较分析

市场进入路径	优势	劣势
先进入 不发达国家	（1）对产品的基本属性需求较高，而对附带属性的需求较低，市场进入门槛较低； （2）品牌建设初期，企业的投入较小、经营风险较小； （3）获得初步品牌国际化的经验； （4）品牌建设相对容易	（1）进入不发达国家后，品牌带给消费者的形象难以改变，不易进入其他国家； （2）消费者的消费能力较弱； （3）品牌辐射作用小，向发达国家市场发展缓慢； （4）市场规则不明确，经济市场建设不完善，缺乏相应的法律法规保护，存在一定风险
先进入 发达国家	（1）发达国家消费者的消费能力更强； （2）一旦成功，能占领市场竞争的制高点，快速推动企业的品牌国际化进程； （3）市场规则明确	（1）品牌建设初期投入大； （2）建设周期长，风险大； （3）国际强势品牌多，历史悠久； （4）对企业产品/服务的质量要求高； （5）消费者对当地本土品牌的顾客忠诚度高
先进入中等 发达国家	（1）较为灵活，可以向上、向下扩展； （2）品牌建设初期投入、风险适中	缺乏明确的品牌国际化路线

① 宋永高．中国品牌国际化的市场选择模式［J］．商业研究，2003（13）：148-149.

② 苏勇．品牌国际化的内涵及其标准［J］．品牌战略，2003：14-15.

③ 孙晓强，苏勇．中国企业品牌国际化的路径选择［J］．经济管理，2007（01）：6-10.

第一种模式：先进入不发达国家市场。不发达国家和地区的消费者对品牌概念较弱、市场不太成熟，市场的竞争程度弱、进入门槛最低；所需要的投资相对较少，取得经营成效的时间较短；可以使得企业在此积累品牌国际化经验。缺点是：不发达国家的市场规模比较有限，经济水平不高，政治、社会等风险较高；并且，在不发达国家建立的品牌形象较难被发达国家市场接受。

第二种模式：先进入发达国家市场。这被很多学者称为“先难后易”的市场进入路径。由于发达国家的进入门槛很高，市场内的强势品牌众多，竞争十分激烈。在激烈竞争中，企业将会面临投资很大、耗时较长的困境。并且，发达国家的消费者对于其消费的产品的质量要求高，品牌会经受种种考验。若是攻克发达国家市场，在市场内建立好的品牌形象，会立刻提升在发展中国家的品牌效应，有助于企业快速打开发展中国家的市场，就能够迅速成为国际化品牌，将自己的产品推广至全世界。这种路径有很大的难度，因为发达国家的消费者更加挑剔，失败的风险高于进入不发达国家市场，进行品牌宣传遇到的障碍更多；但是也能够利用发达国家市场检验产品是否符合国际市场的需求，而一旦成功，能够快速推动企业的品牌国际化进程。

第三种模式：先进入中等发达国家市场，这是趋于中间路线的市场进入路径。在进入目标市场的难易程度方面，进入中等发达国家的难度适中；在目标市场的经济发展水平、品牌竞争激烈程度等方面，中等发达国家的市场同样介于发达国家和不发达国家之间。如能成功进入该层次的市场，企业能够比较容易地扩展到发达国家以及不发达国家的市场。

由此，许多学者致力于探究中国企业品牌国际化的市场进入路径。

韩中和①（2008）认为中国企业比较适宜选择先进入与本国文化、经济水平相近的国家或者地区，在积累相关国家和市场的经验之后，再进入发达国家市场。在品牌国际化的进程中，中国知名企业 TCL 采用的就是此类方法。它先从与中国文化背景近似的东南亚国家着手，逐步进入越南、菲律宾等国

① 韩中和．品牌国际化研究述评［J］．外国经济与管理，2008，30（12）：32-38.

的市场，树立起品牌并培育品牌的知名度。在此过程中，TCL 也积累了丰富的国际化经验，然后在有充分准备的条件下有计划地向发达国家市场进行扩张，开拓发达国家市场（杜尚义[①]，2008）。中国企业华为也采取了此类进入方法：先进入发展中国家，在积累一定国际化经验后继而向发达国家进军。华为选择了布局俄罗斯—亚非拉—欧洲—美国市场的线路，在发展中国家立足之后再逐步向发达国家渗透（刘欣[②]，2016）。

张敏、武齐[③]（2010）则进行了分类讨论。他们指出并不是所有的企业都适合进入发展中国家，循序渐进地进行发展。在企业进入海外市场时，产品品质较好的企业可以将发达国家市场作为切入点，直接进入美日欧等发达国家市场；而作为劣势品牌，可先进入欠发达市场积累经验。海尔集团是国内最早开始实施品牌国际化的企业之一，它致力于先打开发达国家的市场，在发达国家的企业竞争中确保相对优势，然后再逐渐占领发展中国家的市场。

本书将采用宋永高（2003）、苏勇（2003；2007）等学者的方法，将市场进入路径分为先进入不发达国家市场，先进入发达国家市场，以及先进入中等发达国家市场三种进行讨论。

2.1.2 市场进入路径影响因素

市场进入路径是企业开展品牌国际化的第一步，其影响因素多种多样。下面，将其影响因素分为企业内部因素和外部环境因素两部分来进行探讨。

2.1.2.1 企业内部因素

企业内部因素主要指企业自身拥有的资源。企业资源嵌入企业之中，范

---

① 杜尚义．“海尔”“TCL”“格兰仕”国际化模式比较分析［J］．经济与管理，2008（07）：53-59.

② 刘欣．华为自主品牌产品走向世界市场的国际化战略及实施路径［J］．对外经贸实务，2016（08）：23-26.

③ 张敏，武齐．发展中国家企业品牌国际化路径分析——来自韩国的启示［J］．国际贸易问题，2010（10）：52-56，63.

围非常广泛，分为有形资源（如财务等）和无形资源（如管理能力、知识等）。Wernerfelt[①]（1984）指出企业资源是企业在竞争中一个极其重要的因素，可以说，企业所拥有的资源对于企业国际化来说至关重要。下面主要从企业家能力、企业创新能力、财务资源三个方面对此进行讨论。

（1）企业家能力。在高阶理论中，企业的决策在一定程度上反映了决策制定者（也就是企业家）的经验和特质，可以说企业的品牌国际进程与决策制定者的特征紧密相关（Sambfiarya[②]，1996）。Johanson 和 Vahlne[③]（1977）指出，进行品牌国际化经营需要企业投入大量的资源。这些资源涉及人力、物力、财力等，带有高风险和高不确定性。此时就需要决策制定者对海外市场有着敏锐的判断。当企业家拥有国际化/全球化的视野、国际商务或教育经历时（Karagozoglu[④] 等，1998；Burgel[⑤] 等，2000），有利于对企业进入路径的选择，从而促进企业国际化的进程。

（2）企业创新能力。企业创新能力包括推出新产品的能力、建立新的营销渠道的能力等，对企业品牌国际化的优势定位具有显著的正向影响（Zou 和 Zhao[⑥]，2003）。若企业创新能力较强，会使产品的更新换代与国际市场需求高度匹配，使其在国际市场中具有比较优势，从而推动品牌国际化进程的

① Wernerfelt B. A resource-based view of the firm [J]. Strategic Management Journal, 1984, 5 (2): 171-180.

② Sambfiarya R B. Foreign experience of top management teams and international diversification strategies of U. S multinational corporations [J]. Strategic Management Journal, 1996, 17 (9): 739-746.

③ Johanson J, Vahlne J E. The Internationalization Process of the Firm: A Model of Knowledge Development and Increasing Foreign Market Commitments [J]. Journal of International Business Studies, 1977, 8 (01): 23-32.

④ Karagozoglu, Necmi Lindell, Martin. Internationalization of small and medium-sized technology-based firms: an exploratory study [J]. Journal of Small Business Management, 1998 (1): 44-49.

⑤ Burgel, Murray G C. The international market entry choices of start-up companies in high-technology industries [J]. Journal of International Marketing, 2000, 8 (2): 33-62.

⑥ Zou S, Fang E, Zhao S. The effect of export marketing capabilities on export performance: an investigation of Chinese exporters [J]. Journal of International marketing, 2003, 11 (4): 32-55.

发展。

（3）企业财务资源。财务资源是影响企业选择市场进入路径最重要的资源之一。充足的财务资源使企业在国际扩张中能承受更高的短期成本和风险，使国际化扩张更顺利（Mishina、PollockandPorac①，2004），此时企业更偏向选择进入发达国家市场。其次，充足的财务资源使企业具有更大的自由度，能更好地抓住国际市场的机会，从而加快企业的品牌国际化进程。

2.1.2.2 外部环境因素

外部环境所涵盖的内容比较宽泛，包括企业所在国家以及目标市场地理环境、人口环境、经济环境、文化环境等。结合企业品牌国际化层面，在去除影响较弱的一些环境因素后，本书主要选取市场环境、社会文化环境、政治环境三个角度进行分析。

（1）市场环境。目标市场的市场状况是企业决定进入模式时首先要考虑的问题。由于品牌的原产国效应（Aaker②，1991；Leclerc③，1994），全球市场上的消费者会由于原产地不同而对产品进行选择时失去公允，容易对发展中国家/地区生产的产品产生低档次的印象（Still 和 Hill，1985④；Chhabra⑤，1996）。如果企业实力较弱，可以选择进入与其所在国家市场环境相似的市场，降低市场环境对其的影响。

（2）社会文化环境。企业所在国家的市场与其他国家/地区市场之间存在

① Mishina Y，Pollock T G，Porac J F. Are More Resources Always Better for Growth? Resource Stickiness in Market and Product Expansion [J]. Strategic Management Journal，2004，25（12）：1179-1197.

② Aaker. The negative attraction effect? A study of the attraction effect under judgment and choice [J]. Advances in Consumer Research，1991，18：462-469.

③ F Leclerc，B H Schmitt，L Dubé. Foreign Branding and Its Effects on Product Perceptions and Attitudes. Journal of Marketing Research [J]. 1994，31（2）：263-270.

④ Still R R，Hill J S. Multinational product planning：a metamarket analysis [J]. International Marketing Review，1985，2（1）：54-64.

⑤ Chhabra Surjit S. Marketing Adaptations by American Multinational Corporations in South America [J]. Journal of Global Marketing，1996，9（4）：57-74.

的社会文化差异，对企业国际化的路径影响颇深（Keller[①]，2013）。研究表明：消费者往往对与自己国家文化价值观差异较大的国家的产品评价较低；而对与自己文化价值观相似国家的产品给予更加正面的评价（Papadopoulous[②]，1993），即社会文化差异会阻碍品牌国际化进程。如果两国之间的社会文化差异较大，企业就很难控制目标市场的经营行为，需要花费更多的时间以及成本去适应这种文化差异，从而影响品牌的进入。因此，当实力较弱时，企业倾向于选择与其所在国市场文化条件相似的东道国市场。近年来，随着研究的深入，很多学者开始相对辩证地看待这一问题，认为社会文化距离对企业国际化进入模式选择的影响并不绝对。例如，Chang 和 Rosenzweig[③]（2001）通过对欧洲和日本跨国公司的调查，追踪研究文化距离对企业进入模式的动态影响。研究表明，文化因素对首次进入海外市场的企业具有重要的影响作用，但是随着企业国际化经验的积累，社会文化因素将不再成为影响企业进入目标市场的决定性因素，即社会文化距离对企业进入模式选择的影响会随着经验累积而变得越来越弱。

（3）政治环境。近年来，越来越多的学者研究政治因素对企业国际化的影响（Peng[④]，2008）。依据制度理论，由于企业进入目标市场时需要获得合法性，所以品牌的国际化进程会受到目标市场政治因素的影响（杨海儒[⑤]，

① Keller K L. Strategic Brand Management：Building，Measuring，and Managing Brand Equity［M］. Upper Saddle River，NJ：Prentice Hall. 2013.

② Papadopoulous. What Product and Country Images Are and Are Not，Product to country Images：Impact and Role in International［M］. New York ：International Business Press. 1993，3-38.

③ Chang SJ，Rosenzweig PM. The Choice of Entry Mode in Sequential Foreign Direct Investment［J］. StrategicManagement Journal［J］，2001，22（8）：747-776.

④ Peng M W，Wang D Y L，Jiang Y. An institution-based view of international business strategy：A focus on emerging economies［J］. Journal of international business studies，2008，39（5）：920-936.

⑤ 杨海儒 . 中国企业国际化战略选择及其影响因素的探讨［J］. 科技管理研究，2011，31（13）：124-126.

2011)。一般来说，企业会屈从于目标市场的政治环境（Yiuand Makino①，2002)，同时还要担心目标市场的政治风险、所有权风险、运营风险和转移风险对企业造成的影响。因此，进行品牌国际化时，企业需要慎重地考虑目标市场的政治环境后再决定是否进入该市场。

2.2 品牌成长方式研究

2.2.1 品牌成长方式分类

随着企业经营走向国际化，品牌国际化有着多种路径方式。一般而言包括直接投资、合资经营以及间接或直接性出口等方式（郭姵君，苏勇②，2007)。在企业已经选好目标市场后，企业品牌如何进入该国家就成了企业需要思考的问题。为了达成目标，不同的企业会根据自身的实际情况选择不同的品牌成长方式，使自己的品牌进入国际市场。

Root Franklin R.③（1992）将企业品牌成长方式划分为三类：贸易式进入、契约式进入和投资式进入。贸易式进入方式是企业通过向目标国家或地区出口商品的方式进入目标市场，企业的品牌随着产品或服务向国际市场输出。这种方式成本较低，且风险较小，但很容易受到关税、目标市场政策等因素的限制。契约式进入方式是指企业通过与目标国家或地区的法人签订长期的、非投资性的无形资产转让合同，从而进入该国家。它与贸易式进入的主要区别是：在这种方式下，企业输出的是技术而不是产品。其具体可以采用许可经营、特许专营等方式。投资式进入方式是指企业对目标国家或地区

① Yiu D, Makino S. The Choice Between Joint Venture and Wholly Owned Subsidiary: An Institutional Perspective [J]. Organization Science, 2002, 13 (6): 667-683.

② 郭姵君，苏勇．中国企业品牌国际化战略研究［J］．市场营销导刊，2007（01）：57-60.

③ 富兰克林 R 鲁特．进入国际市场的战略［M］．李冀凯，等，译．北京：中国经济出版社，1992.

直接进行投资，用股权控制的方法，达到品牌创建或扩张的目的（如全股子公司、分公司、合营子公司）。企业可以直接参与目标国家中厂商的生产和管理，并对企业的经营管理、品牌运作拥有直接控制权，使得品牌根植于当地。投资式进入方式又称股权式进入方式，按照股权多少（独资和合资）与投资模式（新建场地和收购）进行了细分（Barkema[①] 等，1996）。这种方式虽然投入较高，有着极大的不确定性，但在这种方式下企业对海外公司的控制程度最高，更加有利于企业树立品牌的国际化形象和信誉。而苏勇、张明[②]（2005）则认为投资式进入方式是中级形式，对东道国进行投资，品牌随资本输出，企业可以直接接近目标市场的环境、文化与消费者；而品牌的直接输出是高级形式，因为通过品牌的特许使用可以使得企业直接获取品牌收益。

郭姵君、苏勇[③]（2007）在此基础上进一步提出了品牌特许使用的方式。对品牌的特许使用，即运用签订商标使用许可合同等方式获取品牌收益。有学者认为，签订许可合同是进入国际市场的一种最简单的形式。许证方与国外受证方达成一致协议，例如，受证方向许证方提供生产制造技术的使用权、商标权、专利使用权、商业秘密或其他有价值的项目，从而获取费用收入或提成。在此方式下，许证方不需要承担太大的风险就能进入目标市场，而受证方也因此获得了成熟的生产技术、生产名牌的产品或使用名牌的商标。特许经营作为一种较完整的许可形式，受到了很多企业的青睐。像麦当劳、肯德基等企业都是通过特许经营的方式，成功开拓了自己的品牌。但是品牌特许经营的方式也存在一些潜在的不利因素：由于企业对受证方的控制较少，有可能影响自身品牌的形象与声誉。另外，如果受证方经营得很成功，许证方就会流失一部分经营利润。一旦合同期满或终止，也可能直接与这些被自己培养且熟知自己品牌操作的受证方，在市场上展开竞争。

① Barkema H G, Bell J HJ, Pennings J M. Foreign entry, cultural barriers, and learning [J]. Strategic Management Journal, 1996, 17: 151-166.

② 苏勇，张明．试论品牌国际化的内涵及其标准［J］．市场营销导刊，2005（06）：52-54.

③ 郭姵君，苏勇．中国企业品牌国际化战略研究［J］．市场营销导刊，2007（01）：57-60.

上面提到的方式经过进一步的细分、组合，如图 2-1 所示（Pan 和 Tse①，2000）。

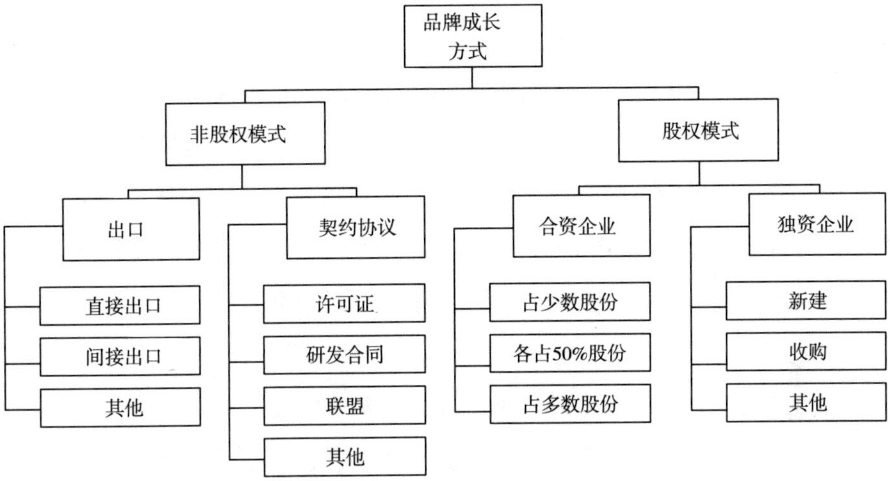

图 2-1 企业品牌成长方式

Barwise 和 Robertson②（1992）通过研究多家国际企业后，按照品牌模式进行分类，指出企业的品牌成长方式主要有 3 条途径：发展自有品牌，收购当地品牌并以该品牌进入市场，与国外品牌实施战略联盟。发展自有品牌就是指企业一步步地创建自己的品牌，进行品牌自我累积后，再去攻克其他国家市场，逐步建立研发机构与销售渠道，不断提升品牌在当地的知名度，达到品牌扩张的目的。格力、海尔、美的、长虹、海信等中国主要家电企业采取了发展自有品牌的模式（王卫红、张超③，2012；潘林兴④，2018）。收购

① Pan Y, Tse D K. The hierarchical model of market entry modes [J]. Journal of International Business Studies, 2000, 31 (4): 535-554.

② Patrick Barwise 和 Thomas Robertson. Brand Portfolios [J]. European Management Journal. 1992, 10 (3): 277-285.

③ 王卫红，张超．珠三角企业品牌国际化路径模式及其启示 [J]. 战略决策研究，2012，3 (01): 66-71.

④ 潘林兴．中国家电品牌国际化道路探讨 [J]. 国际经贸，2018 (4): 1-2.

当地品牌是指企业通过并购或者收购获得当地市场品牌，迅速扩大企业规模，利用一切资源和营销网络快速扩大品牌影响力。此举可以帮助企业迅速地进入国外目标市场，建立起位于国外的产销网点。并购品牌与单纯地输出自有品牌相比，可以减少财力、精力的投入，也能减少东道国市场各种竞争力量的排挤。联想便是采取了收购国际知名品牌强的路径（关辉①，2006）。战略联盟是国际化公司之间为了战略目的而达成的长期合作，是跨国经营中赢得竞争的一种重要手段，同时也是企业进入国际市场的一种重要方式。这里的战略联盟是指品牌联合（Co-Branding），它可以帮助品牌所有者迅速打入新的市场。通过使用品牌联合的方式，企业可以最小化进入一个新市场或领域所需要的代价。

在品牌联合的战略联盟基础上，Leuthesser、Kohli 和 Suri②（2003）进一步提出了“联合创牌”的方式。他们认为“联合创牌”是在维持两个或更多原有品牌特性的条件下，将这些品牌结合而创造一个新的产品或服务。这是一种比较常见的战略联盟方式，可以使国内外的企业进行优势互补。2001 年，索尼和爱立信两家世界 500 强公司各出资 50%建立了索尼爱立信公司；2006 年，诺基亚与西门子联合将两家公司的电信设备业务合并，双方各出资 50%成立诺基亚西门子网络公司。这些企业都是通过“联合创牌”的方式，将品牌结合从而建立了新的企业。这种方式可以降低企业成本，给消费者传达出一种质量可靠的信号（Rao、Ruekert③，1994）。并且，联合创牌可以实现企业优势互补，迅速地获得两个或多个企业的客户群；还能在一定程度上改善

① 关辉，谢颖．品牌国际化概念和内涵的界定及模式分析［J］．黑龙江对外经贸，2006（10）：52-53+101.

② Leuthesser L, Kohli C, Suri R. A Framework for Using Co-Branding to Leverage a Brand［J］. Brand Management, 2003, 11（1）：35-47.

③ Rao, Akshay R, Ruekert, Robert W. Brand Alliances as Signals of Product Quality［J］. Sloan Management Review, 1994, 36（1）：87-97.

消费者对合作品牌的态度，产生极其显著的溢出效应（SimoninandRuth①，1998；范秀成等②，2003）。

结合中国实际情况，刘文纲③（2004）、孙晓强（2007）、韩中和（2008）等学者提出了“贴牌生产”（OEM）的品牌成长方式。在竞争力较弱、没有实力创建自有品牌之前，企业可以在稳步承接OEM的基础上逐步实现从OEM向ODM（自主设计）再向OBM的转化，发展、创建自主品牌（刘志彪④，2005）。中国家电企业格兰仕便是采取此方式初步进入国际市场的。2001年以前，格兰仕国外市场的销售额大部分是通过为国际性大品牌做OEM来实现的（李东升⑤，2009）。

可以看出，国内外学者对于企业品牌成长方式主要有两种划分方法：第一，是根据品牌进入东道国的方式，分为出口、契约模式、投资模式等方式；第二，是根据品牌模式，划分为自有品牌、收购当地品牌、联合创牌、贴牌生产四种模式。其中，品牌进入东道国的方式是企业品牌成长的手段，在本书中，我们主要根据品牌模式对品牌成长方式进行划分。在梳理文献后结合企业实例将品牌成长方式重新划分，分为自有品牌与非自有品牌。其中，将自有品牌下分为沿用原有品牌、新建品牌以及收购当地品牌；非自有品牌下分为联合创牌以及贴牌生产（如图2-2所示）。

在此，将自有品牌定义为由企业自行掌控的品牌；将非自有品牌定义为并不单独由一个企业掌控的品牌。沿用原有品牌就是指企业在国内创建自己

---

① Simonin B L, Ruth J A. Is a company known by the company it keeps? Assessing the spillover effects of brand alliances on consumer brand attitudes [J]. Journal of Marketing Research, 1998, 35 (1): 30-42.

② 范秀成，张彤宇．论跨国公司的联合品牌战略［J］．外国经济与管理，2003（09）：2-6+18.

③ 刘文纲，赵占明．中国企业国际化经营中的品牌战略变迁路径［J］．北京工商大学学报（社会科学版），2004（05）：68-71.

④ 刘志彪．全球化背景下中国制造业升级的路径与品牌战略［J］．财经问题研究，2005，（5）：25-31.

⑤ 李东升．企业品牌国际化的成长路径：基于格兰仕的个案分析［J］．国际经济合作，2009（07）：79-81.

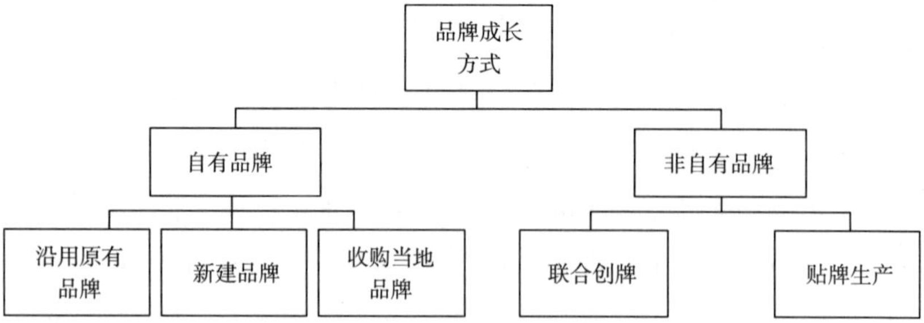

图 2-2　本书提出的划分企业品牌成长方式

的品牌，把品牌做大做强后进入其他国家市场，用国内的品牌进行经营、发展。新建品牌则不同，它是指企业在进入其他国家市场后，在东道国创立一个新品牌进行经营。收购当地品牌是指企业通过收购行为获得当地市场品牌和营销渠道，并进行自主经营。联合创牌是指在维持两个或多个原有品牌特性下，对品牌进行结合，创造出新的产品或服务。贴牌生产是指企业根据拥有品牌优势企业的要求，为其生产产品或零件。

2.2.2　品牌成长影响因素

在确定目标市场后，企业将进行品牌成长方式的选择，这会受到多种因素影响。

2.2.2.1　企业层面

企业层面的影响因素主要包括企业的规模、企业的经验、文化和理念特征、企业的产品因素、企业技术特征等企业内部因素（Erramilli①，1991；Delios and Henisz②，2003；盛楠等③，2009）。下面从企业规模、企业技术水

① Erramilli MK. The Experience Factor in Foreign Market Entry Behavior of Service Firms [J]. Journal of International Business Studies, 1991, 22 (3): 479-501.

② Delios A, Henisz W J. Policy Uncertainty and the Sequence of Entry by Japanese Firms, 1980-1998 [J]. Journal of International Business Studies, 2003, 34 (3): 227-241.

③ 盛楠，张大亮，邢以群．中国企业品牌国际化模式及条件研究［J］．经济论坛，2009（21）：7-11.

平、企业产品以及企业的国外经验做详细说明。

（1）企业规模。学者研究发现企业自身情况与品牌如何进入目标市场有着密切的联系。企业规模越大，企业越倾向于采用控制程度较高的合资或发展自主品牌模式进入目标市场（Yuand Ito①，1988；Kimura②，1989）；而中小企业在资源、抗风险能力及降低成本等方面远不及大型企业，因此其更倾向于采用出口的方式（Kuo and Li③，2003）。

（2）企业技术水平。Wolff 和 Pett④（2004）等学者认为技术是企业走向国际化的决定性因素之一，因此企业的技术水平也是决定其品牌成长方式的一个重要因素。拥有最新技术和其他重要专有资源的企业，应该更多地选择创建自有品牌的方式进入目标市场；对于技术较弱的企业，可以选择合资等方式进入。

（3）企业产品因素。企业产品因素是影响企业国际化路径的重要因素。由于企业生产的产品是有差异的，因此具有差异化竞争优势产品的企业更容易选择贸易型进入方式拓展海外市场，否则会因出口产品导致运输成本增加，在目标国家或地区市场上失去竞争力；而与目标市场的产品比较后，没有明显竞争优势产品的企业可以采取生产进入方式。对于直接投资的方式来说，产品差异化大的企业偏重于独资，如医疗领域；而产品差异化小的企业可以侧重于合资形式，如汽车制造、电子消费品企业等。

（4）企业的国外经验。国外经验在企业选择东道国的进入方式上起着决定性的作用，也一直是众多学者研究的重点。所谓国外经验指的就是企业对

① Yu C M J, ITO K. Oligopolistic reaction and foreign direct-investment: the case of the united-states tire and textiles industries [J]. Journal of International Business Studies, 1988, 19 (3): 449-460.

② Kimura. Firm-Specific Strategic Advantages and Foreign Direct Investment Behavior of Firms: The Case of Japanese Semiconductor Firms [J]. Journal of International Business Studies, 1989, 20 (2): 296-314.

③ Kuo H C, Li Y. A Dynamic Decision Model of SMEs' FDI [J]. Small Business Economics, 2003, 20 (3): 219-231.

④ Wolff, James A, Pett, Timothy L. Small-business internationalisation: the relationship between firm resources and export competitive patterns in exporting [J]. International Journal of Management and Decision Making, 2004, 5 (2-3): 246-262.

目标市场所在国家政治、经济、文化、市场环境的了解、掌握程度。国外经验通常来自企业员工的国外生活、工作、学习经历或是企业在当地市场的实际运作。当缺少国外经验时，企业往往会采用间接出口模式（如 OEM 等方式）进入其他国家，或者选择贸易或契约的方式进入国外市场；而具有国际经验的企业通常更愿意采用直接投资或战略联盟形式（Erramilli，1991；Delios、Henisz[①]，2003）。而且不确定的外部环境对企业国际化的影响也受到企业国外经验的影响，如果企业具有丰富的国外经验，可以减弱不确定的政治环境对企业品牌国际化的影响（Deliosand Henisz，2003）。

2.2.2.2 外部因素

外部因素主要包括企业所在国家以及东道国的地理距离、文化距离、市场相似性以及目标市场所在国家的监管力度、政治和经济风险、目标市场竞争强度等因素（Onkvisit、Shaw[②]，1987；Jain[③]，1989；Rodriguez，2002；Samiee[④]，2003；Gerpott、Jakopin[⑤]，2007）。下面从文化因素、经济因素、政治因素以及东道国市场环境四个方面做详细说明。

（1）文化因素。企业所在国家与东道国的文化距离是影响品牌成长方式的重要因素。文化距离又称为认知差距（perceived cultural distance），主要指企业所在国和目标市场所在国家在语言、价值观、生活和做事方式等方面的

---

① Delios A，Henisz W J. Political Hazards，Experience，and Sequential Entry Strategies：The International Expansion of Japanese Firms，1980-1998［J］. Strategic Management Journal，2003，24（11）：1153-1164.

② Onkvisit S，Shaw J. Self-concept and image congruence：Some research and managerial implications［J］. Journal of Consumer Marketing，1987，4（1）：13-23.

③ Jain S C. Standardization of international marketing strategy：some research hypotheses［J］. The Journal of Marketing，1989：70-79.

④ Samiee S，Jeong I，Pae J H，et al. Advertising standardization in multinational corporations：The subsidiary perspective［J］. Journal of Business Research，2003，56（8）：613-626.

⑤ Gerpott T J，Jakopin N M. Firm and target country characteristics as factors explaining wealth creation from international expansion moves of mobile network operators［J］. Tele communications Policy，2007，31（2）：72-92.

差异（Kogut、Zander①，1993）。一般用到的测量指标是由 Kogut 和 Singh②（1988）构建的。

$$文化距离(CD_j)=\sum_{i=1}^{4}\{(I_{ij}-I_i)^2/V_i\}/4$$

其中，CD_j 是东道国 j 国与母国的文化距离，I_{ij} 是 j 国在第 i 个维度的距离值，I_i 是母国在第 i 维度的分数，V_i 是全部样本国家（地区）在分距离的方差；文化维度根据 Hofstede③（1980，2001）的文化五维度模型划分。

在关于文化距离和品牌成长方式的探讨中，存在两类相反的观点。一类观点认为文化的差异会增加交易成本和不确定性（Gatignonand Anderson④，1988），所以企业会避免过多投入资源（Kimand Hwang⑤，1992），倾向于采用合资模式。而另一类观点则认为，合作的成本也许会更高。两国公司可能因为惯例与文化不同带来风险以及成本（Changand Rosezweig⑥，2001），所以企业更喜欢采用独资的形式。

（2）经济因素。目标市场的经济因素是影响品牌国际化战略的重要因素（Cavusgil、Yeniyurt⑦，2004）。经济因素主要指国家出台经济政策的稳定程

① Kogut B, Zander U. Knowledge of the Firm and the Evolutionary Theory of the Multinational Corporation [J]. Journal of International Business Studies. 2003, 34 (6): 516-529.

② Kogut B, Singh H. The Effect of National Culture on the Choice of Entry Mode [J]. Journal of International Business Studies, 1988, 19 (3): 411-432.

③ 文化五维度模型分为：权力距离（power distance）；不确定性规避（uncertainty avoidance）；个体主义与集体主义（individualism vs. collectivism）；阴柔气质与阳刚气质（masculinity vs. femininity）；长期导向与短期导向（long vs. short term）.

④ Gatignon H, Anderson E. The Multinational Corporation's Degree of Control over Foreign Subsidiaries: An Empirical Test of a Transaction Cost Explanation [J]. Journal of Law Economics & Organization, 1988, 4 (2): 305-336.

⑤ Kim W. C., Hwang P. Global Strategy and Multinationals' Entry Mode Choice [J]. Journal of International Business Studies, 1992, 23 (1): 29-53.

⑥ Chang SJ, Rosenzweig PM. The Choice of Entry Mode in Sequential Foreign Direct Investment [J]. Strategic Management Journal, 2001, 22 (8): 747-776.

⑦ Townsend J D, Yeniyurt S, Deligonul Z S, et al. Exploring the marketing program antecedents of performance in a global company [J]. Journal of International Marketing, 2004, 12 (4): 1-24.

度、经济规模以及经济活力。在经济政策方面，如果目标市场所在国家国际收支不断恶化，很有可能会导致该国家出台进口限制或者货币贬值等政策，从而影响企业的进入。在经济规模方面，如果目标市场所在国家的经济规模大（可以使用国民生产总值或人均国民生产总值衡量），该目标市场的发展潜力大，企业可以加大对该国市场的投入。

在经济活力方面，如果目标市场所在国家的积极发展具有活力（可以使用国民生产总值和人均收入的增长率、投资增长率等衡量），那么即使该国的市场还未成熟，企业也会倾向于在此投资建厂。除此之外，该国的外部经济联系也很重要。一个国家的国际收支如果长期赤字，或者出现汇率不稳定、从该国进口的产品与企业生产的产品不一致等情况，企业在考虑进入模式时，就不会倾向于采用积极的投资模式进入。

（3）政治环境。政治因素是国家风险中最突出的一种，与企业品牌成长方式的选择密切相关。如果目标市场所在的国家制定的政策不利于企业进入，例如，目标国家的政策设置了一系列的进口配额，提高进口关税等，企业的决策就会受到很大的影响。此外，如果目标市场所在的国家政治环境不太稳定，那么企业一般会采用间接出口模式而不是直接进入该国家投资。

（4）东道国市场环境。Karakaya 和 Stahl①（1989）曾详细列举了多种东道国市场环境影响因素。现将影响东道国市场因素聚焦在以下四个方面。

①市场容量，也称为需求状况。如果目标市场现有市场大或者潜在市场可观，企业会倾向于在当地投资建厂；如果目标市场现有市场小或者市场上需求波动过大，企业一般会选择出口商品等形式进入。

②市场竞争。如果目标市场已经存在众多国际品牌，或者本土品牌竞争力很强，那么企业可以采取对外授权或其他合同方式进入该市场；如果目标市场缺乏强势品牌，企业便可以采用投资建厂等方式进入。除此之外，当目标市场进入壁垒很高时，企业可以采取合资方式。

① Karakaya Fahri, Stahl Michael J. Barriers to Entry and Market Entry Decisions In Consumer An [J]. Journal of Marketing, 1989, 53 (2): 80-91.

③要素市场。它也可以称为目标市场的资源禀赋，包括目标市场内的原材料、劳动力、生产能源等生产要素。因为这些资源能够直接影响产品的成本和质量，因此对企业的品牌成长方式也有影响。如果目标市场所在国家的资源丰富，企业在目标市场就地生产的成本将会低于在本地生产，那么企业就会倾向于在目标市场投资建厂。反之，就倾向于贸易模式。此外，当目标市场的稀缺资源（如土地使用权）不易获得时，企业通常会选择借助当地企业来获取经营所需的必备资源。

④市场的基础设施。目标市场所在国家的市场结构、基础设施完备程度会影响企业进入国际市场的方式，企业会倾向于进入基础设施更加齐全的目标国家。

2.3 品牌国际化战略研究

2.3.1 品牌国际化基本模式

如果一个品牌分布在多个国家或区域，那么它既可以选择在所有国家品牌完全标准化，也可以通过市场的差异行为来实现高度异质性（即本土化）。因此，选择一个有效的品牌策略在竞争日趋激烈的国际市场尤其重要（Francis[①], 2002）。在国际市场上，一个企业的品牌策略对企业的国际经营活动起重要作用（Douglas[②], 2001）。而且在国际品牌战略中，一个重要组成部

① Francis J N P, Lam J P Y, Walls J. The impact of linguistic differences on international brand name standardization: A comparison of English and Chinese brand names of Fortune-500 companies [J]. Journal of International Marketing, 2002, 10 (1): 98-116.

② Douglas S P, Craiga C S, Edwiu J N. Executive Insights: Integrating Branding Strategy Across Markets: Building International Brand Architecture [J]. Journal of International Marketing, 2001, 9 (2): 97-114.

分就是品牌是否以及在何种程度上标准化或在本国市场上本土化（Altuntas、Turker[①]，2015）。

有关品牌国际化战略的研究包含围绕着“标准化”与“本土化”两者的争论（de Chernatony[②]，1995；Schmid、Kotulla[③]，2011）内容。关于标准化与本地化的辩论已持续近 50 年（Ryans[④]，2003；Samiee[⑤]，2003），学者们对于不同的策略存在截然相反的观点和相互矛盾的研究（Katsikeas[⑥]，2006）。简单来说，标准化的倡导者建议在企业运营的所有国家推广相同的品牌形象（Bennett、Blythe[⑦]，2002），强调统一性。而支持本土化的学者则对标准化观点进行反驳，认为企业在市场营销策略和品牌表达上应存在差异（Van Gelder[⑧]，2003）。事实上，这两种策略各具优势，企业应在品牌国际化过程中明确适用于自身的品牌策略。

2.3.1.1 标准化

标准化是基于 Levitt[⑨]（1983）最初提出的趋同理论，该理论认为全球化

---

① Altuntas C, Turker D. Local or global: Analyzing the internationalization of social responsibility of corporate foundations [J]. International Marketing Review, 2015, 32 (5): 540-575.

② De Chernatony L, Halliburton C, Bernath R. International branding: demand - or supply-driven opportunity? [J]. International Marketing Review, 1995, 12 (2): 9-21.

③ Schmid S, Kotulla T. 50 years of research on international standardization and adaptation—From a systematic literature analysis to a theoretical framework [J]. International Business Review, 2011, 20 (5): 491-507.

④ Ryans Jr J K, Griffith D A, Steven White D. Standardization/adaptation of international marketing strategy: Necessary conditions for the advancement of knowledge [J]. International Marketing Review, 2003, 20 (6): 588-603.

⑤ Samiee S, Walters P G P. Relationship marketing in an international context: a literature review [J]. International business review, 2003, 12 (2): 193-214.

⑥ Katsikeas C S, Samiee S, Theodosiou M. Strategy fit and performance consequences of international marketing standardization [J]. Strategic management journal, 2006, 27 (9): 867-890.

⑦ Bennett R, Blythe J. International Marketing: Strategy Planning [J]. Market Entry, 2002.

⑧ Van Gelder S. Global brand strategy: unlocking brand potential across countries, cultures & markets [M]. Kogan Page Publishers, 2003.

⑨ Levitt T. The Globalization of Markets [J]. Harvard Business Review, 61 (3): 92-102.

(由于贸易限制减少而增加的国际经济活动) 将导致“走向融合的共性”，即消费者行为的同质化，这意味着国际品牌管理标准化。同时，Levitt 系统地阐述和总结了有关品牌的战略管理方面的诸多内容，包括品牌的重要性、品牌的标识性以及企业应该如何管理品牌等。Buzzell① (1986) 采纳了 Levitt 的标准化的观点，认为全球各地消费者的需求与偏好日趋同化，相同的产品将会被不同地域不同市场的消费者所接受。Meffert② (1986) 认为品牌标准化意味着在全球所有国家的市场采用完全相同的品牌方法。Bowles③ (1992) 将标准定义为：“定义合同、功能和技术需求的正式协议，以确保产品、服务、过程或系统完成它应该做的事情”。在此基础上，Keller④ (2003) 对企业采用标准化策略的一些因素进行划分，认为采用标准化的因素可被归纳为：①共同的客户需求；②全球客户和渠道；③兼容的技术标准；④有力的贸易政策和共同规定；⑤可转移的营销技术。自 20 世纪 90 年代以来，学者们对品牌国际化越来越关注，使得营销领域对标准化的探讨范围也不断扩大。研究重点开始由产品标准化决策 (Whitelock⑤, 1987; Kreutzer⑥, 1988) 转向标准化的

① Buzzell R D. Can you standardize multinational marketing? [J]. Reprint Service, Harvard business review, 1968.

② Meffert H. Perspectives of marketing in the field of tension between standardization and differentiation. Theses on the challenges of the nineties [J]. Markenartikel (Germany, FR), 1986.

③ Bowles S, Gintis H. Power and wealth in a competitive capitalist economy [J]. Philosophy & Public Affairs, 1992: 324-353.

④ Keller K L. Brand synthesis: The multidimensionality of brand knowledge [J]. Journal of consumer research, 2003, 29 (4): 595-600.

⑤ Whitelock J M. Global marketing and the case for international product standardization [J]. European Journal of Marketing, 1987, 21 (9): 32-44.

⑥ Kreutzer R T. Marketing - mix standardisation: an integrated approach in global marketing [J]. European Journal of Marketing, 1988, 22 (10): 19-30.

战略模型（Jain[①], 1989; Schuh[②], 2000）、标准化的绩效问题（Samiee、Roth[③], 1992; Pulakos[④], 2000）等相关的各个方面。

经研究发现，具有独特的全球化品牌、规模化的生产能力以及强大销售网络的企业往往会采取标准化的策略。企业实施标准化的策略，首先，可以使企业在研发、生产以及营销活动中获得规模经济的优势（Rau、Preble[⑤], 1987; Kreutzer[⑥], 1988; Jain[⑦], 1989; Dikova、Brouthers[⑧], 2016）。其次，标准化的模式可以使企业在国际上树立统一的品牌形象，促进消费者对品牌的认知和识别，从而提高品牌在全球的知名度（Busija[⑨], 1997; Hashai[⑩], 2004）。最后，标准化策略可以降低企业营销管理的难度，从而可以集中资源，统一制定策略以提高企业的管理成效（Li[⑪], 1995）。但是企业若只追求全球标准

---

① Jain S C. Standardization of international marketing strategy: some research hypotheses [J]. The Journal of Marketing, 1989: 70-79.

② Schuh A. Global standardization as a success formula for marketing in Central Eastern Europe? [J]. Journal of World Business, 2000, 35 (2): 133-148.

③ Samiee S, Roth K. The influence of global marketing standardization on performance [J]. The Journal of Marketing, 1992: 1-17.

④ Pulakos E D, Arad S, Donovan M A, et al. Adaptability in the workplace: Development of a taxonomy of adaptive performance [J]. Journal of applied psychology, 2000, 85 (4): 612.

⑤ Rau P A, Preble J F. Standardisation of marketing strategy by multinationals [J]. International Marketing Review, 1987, 4 (3): 18-28.

⑥ Kreutzer R T. Marketing-mix standardisation: an integrated approach in global marketing [J]. European Journal of Marketing, 1988, 22 (10): 19-30.

⑦ Dikova D, Brouthers K. International establishment mode choice: Past, present and future [J]. Management International Review, 2016, 56 (4): 489-530.

⑧ Modood T, Berthoud R, Lakey J, et al. Ethnic minorities in Britain: diversity and disadvantage [M]. London: Policy Studies Institute, 1997.

⑨ Hashai N, Almor T. Gradually internationalizing 'born global' firms: an oxymoron? [J]. International business review, 2004, 13 (4): 465-483.

⑩ Li H, Reynolds J F. On definition and quantification of heterogeneity [J]. Oikos, 1995: 280-284.

⑪ Fournis Y. The markets of Europe or the European market? [J]. Business Horizons, 1962, 5 (4): 77-88.

化而忽略目标市场差异，往往会出现与当地文化冲突的情况，进而使企业品牌国际化策略失败（Fournis①，1962；Schau，2004）。

综上，品牌标准化策略是指在所有的营销组合中，所有的要素都要实行统一化，即企业将目标国家/地区视为完全相同的市场并提供相同的产品、定价以及广告等策略。

2.3.1.2 本土化

近些年来，在品牌国际化传播过程中，更多研究表明虽然一些跨国消费模式和生活方式出现在特定人口群体中，但并不存在消费者行为同质化的总体趋势（Friedmann②，2006）。这一观点的提出使得标准化策略面临很多的质疑（Agrawal③，1995；Hayes④，2002）。Burmann⑤（2017）提出即使消费者需求完全一致，品牌管理也必须适应每个国家，以反映当地特征（如法律框架、地理、分销系统、竞争情况等）。此外，国际品牌经常与本土品牌竞争，本土品牌对国内市场、客户关系等因素有更深入的了解，而且随着国际品牌标准化的程度不断增加，其与本土品牌的竞争优势也会不断削弱。因此，Levitt 建议的广泛标准化的国际营销只有在极少数情况下是可行的或可取的（Douglas、Wind⑥，1987）。因此，适应目标市场的不同需求成为品牌国际化战略的根本要求。通过相关研究显示，由于发达国家与发展中国家的生活方式、价值观、

① Ogden D T, Ogden J R, Schau H J. Exploring the impact of culture and acculturation on consumer purchase decisions: Toward a microcultural perspective [J]. Academy of Marketing Science Review, 2004, 3 (1): 1-22.

② Friedmann J. Four theses in the study of China' s urbanization [J]. International journal of urban and regional research, 2006, 30 (2): 440-451.

③ Agrawal M. Review of a 40-year debate in international advertising: Practitioner and academician perspectives to the standardization/adaptation issue [J]. International Marketing Review, 1995, 12 (1): 26-48.

④ Alashban A A, Hayes L A, Zinkhan G M, et al. International brand-name standardization/adaptation: Antecedents and consequences [J]. Journal of international marketing, 2002, 10 (3): 22-48.

⑤ Burmann C, Riley N M, Halaszovich T, et al. International Identity-Based Brand Management [M] //Identity-Based Brand Management. Wiesbaden: Springer Gabler, 2017: 291-312.

⑥ Douglas S P, Wind Y. 全球化的神话 [J]. 哥伦比亚世界商业杂志，1987，22 (4): 19-29.

品牌方式等方面的差异，大多数发展中国家消费者更加倾向于选择与本土文化相一致的品牌，而不是一些研究者单纯地认为的那样——消费者崇尚西方品牌（Crane①，2002）。Quelch②（2004）认为，在指定品牌国际化战略时，要考虑各种区域条件。周玫（2004）提出品牌国际化中的本土化策略包括品牌定位本土化、品牌经营本土化以及品牌促销本土化。同时，她指出贴近本土化的关键在于建立与延伸可以使本土消费者认知的品牌核心价值的品牌定位；品牌经营本土化是指企业利用本土知名企业或知名品牌发展属于自身的国际知名品牌；品牌促销本土化是指企业在本土消费者的基础上，将个人化营销与整体沟通有效地结合起来。

Bell③（2008）提出了本土化的优势及劣势。

①本土化模式的优势：

第一，企业通过对目标市场进行深入调研，并根据目标市场的消费者需求偏好制定不同于现有市场的差异化计划，以使企业可以更精准地了解目标市场消费者，从而使企业产品和服务可以更好地满足当地市场的需求，也有利于提高企业在当地市场的竞争力。

第二，本土化策略意味着给予各目标市场分公司更多的自主权从而使得分公司可以根据目标市场的不同进行相应的调整，从而提升企业的本地竞争能力。而且由于公司的各个分公司独立运作，当某个市场发生特定风险时，不会牵连到其他市场。

第三，本土化策略可以获得目标市场政府、社会团体以及媒体的相关支持，享受到相关的优惠政策，既可以利用本国的原有优势，又可以成功避免高额的关税。

②本土化营销具有的劣势：

---

① Morrison S, Crane F G. Building the service brand by creating and managing an emotional brand experience [J]. Journal of Brand Management, 2002, 14 (5): 410-421.

② Holt D B, Quelch J A, Taylor E L. How global brands compete [J]. Harvard business review, 2004, 82 (9): 68-75.

③ Bell S. International brand management of Chinese companies [M]. Springer, 2008.

第一，与标准化相反，本土化意味着企业要根据不同的目标市场制订不同的计划，差异化的策略将会是使企业产生高额的成本。此外，本土化将会导致企业无法形成规模效应，从而使企业进一步丧失成本方面的优势。

第二，由于在不同目标市场实现本土化、差异化的方案，将会导致企业在各要素方面出现差异性，这将会使不同目标市场消费者对企业品牌认知的模糊性。

第三，本土化也将增加企业管理的困难程度。企业给予各目标市场较大的自主权，但这在另一方面将会导致企业难以实现全球范围内统一协调控制的问题，同时也会增加各分公司相互恶性竞争的风险。

综上，品牌本土化是指产品和品牌充分适应当地的需要，包括企业设定独立的本地品牌，即企业将某些重要因素（品牌定位、品牌形象等）实行标准化，其他的因素根据当地的情况加以调整。

2.3.1.3 标准化策略与本土化策略的整合

随着标准化与本土化观点不断的碰撞，关于两者的讨论也愈演愈烈。Riesenbeck① （1991）通过实证研究发现，标准化策略与本土化策略在品牌国际化传播过程中并非互相摒弃，有清晰的划分界限。实践中，很多企业品牌国际化过程中通常会采取折中或者混合策略，即维持两者之间的适度平衡。Larry Light②（1991）认为正确的战略选择应该是利用标准化的思维，整合本土化的观点，参与目标市场的竞争。Freeling③（1994）融合了 Riesesbeck 之前的观点，提出混合战略：即将品牌的“核心竞争力”标准化，允许“非核

① Riesenbeck H, Freeling A. How global are global brands? [J]. The McKinsey Quarterly, 1991 (4): 3-19.

② Williams L J, Anderson S E. Job satisfaction and organizational commitment as predictors of organizational citizenship and in-role behaviors [J]. Journal of management, 1991, 17 (3): 601-617.

③ George M, Freeling A. Reinventing the marketing organization [J]. The McKinsey Quarterly, 1994 (4): 43.

心资源”进行变通。吴晓云①（2003）提出品牌国际化活动必须在标准化和适应性两极之间找到一个平衡点，使企业可以最大限度地获得实现两方策略所带来的利益。Hofsted②（1980）提出标准化与本土化融合的策略是一种居中的“温和”策略，也是被多数企业所采用的品牌国际化策略。

综合以上观点，品牌国际化的过程，实际上是标准化与本土化相结合的过程。单纯追求标准化，将会忽视目标市场的特殊需求；单纯追求本土化，一方面会使企业的资源混乱，造成企业资源配置以及利用效率的低下；另一方面将会阻碍品牌国际化整体的发展。当然，仅仅有“思考全球化，营销本土化”的经营观念也是远远不够的。对本土化和标准化矛盾的处理必须建立在详尽的市场调查基础之上，否则这一策略有可能招致失败（韦福祥③，2000）。所以，品牌国际化的战略制定应该将品牌的核心竞争资源标准化，根据不同的市场特征，制定差异化的营销策略，使品牌更易于向国外进行扩展和延伸。

2.3.1.4　**品牌国际化的基本模式及影响因素**

（1）品牌国际化的模式。基于以上对标准化和本土化的分析，我国学者孟雷④（2002）由此提出了四种不同的品牌国际化模式：标准全球化、模拟全球化、“标准”本土化、体制决定型。据此，我们将品牌国际化的模式归结为以下四种。

①标准品牌国际化。标准品牌国际化特征：在所有的营销组合要素中，除了进行必要的战术调整，其他的产品、渠道等要素均实行统一化和标准化。这种模式将全球市场视为完全相同，每一个国家或是地区都可以看作是无差异的子市场，强调了统筹规划的特点。标准品牌国际化模式，一方面，便于

① 吴晓云，卓国雄，邓竹箐．跨国经营：全球品牌战略与本土化管理——以摩托罗拉手机全球品牌和60家相关公司的实证资料为案例［C］．中国市场学会2006年年会暨第四次全国会员代表大会论文集，2006：139-146.

② HOFSTED G. Structure：Do American theories apply abroad［J］. Org. Dynamics，Summer，1980.

③ 韦福祥．品牌国际化经营中国际化与本土化矛盾之平衡［J］. 天津商业大学学报，2000（2）：32-34.

④ 孟雷．品牌国际化的模式选择［J］. 商业研究，2002（13）：94-95.

企业进行集中管理和操作，有利于加强各地消费者对品牌的认知，提高品牌的稳健性和凝聚力。另一方面，这种模式忽略了各国家和地区的差异性，将各国市场视为无差别的市场，这种假设在一定程度上是有误差的。各国和地区之间在文化、市场等方面有着较大的不同，将其视为无差别的市场可能会产生与当地文化冲突或需求量与消费者不匹配等情况。经相关实践表明，标准品牌全球化的适用性是有条件的，在高档耐用消费品、高层次全球服务项目等方面的接受程度更高。这种模式约占品牌总数的22%。

②混合品牌国际化。混合品牌国际化是指将品牌形象和品牌定位等要素实行统一的标准化，其他的营销要素（如产品、广告策略等）均要根据当地的市场情况加以调整，以便与当地文化融合，使消费者更容易接受，易于品牌国际化的实施。这种模式正是“思考全球化，行动本土化”的具体表现。它兼顾了标准化与本土化，使品牌在有统一标准的同时，更符合当地市场的需求，更符合企业的发展战略。从行业角度来看，全球的汽车行业大多采用这一模式。这种模式约占品牌总数的27%。

③国际品牌本土化。国际品牌本土化是指在品牌国际化战略实施的过程中，所有的要素组合都要充分考虑所在国家和地区的文化、消费习惯等因素，并根据相关因素进行调整。国际品牌本土化是一种国际化程度最低的品牌国际化战略。这种模式更加依赖于本土化的背景。由于各国和地区之间的文化背景不同，而且企业进入国际市场要考虑的政治、法律、经济等差异性的问题，“标准”本土化更符合实际情况。食品和日化产品行业是这种模式的典型代表。这种模式约占品牌总数的16%。

④基于体制压力的品牌国际化。基于体制压力的品牌国际化是一种特殊的补充模式。是指由于某些产品的特殊性，导致战略的制定不取决于企业本身，而是受所在国家或地区的贸易和分销体制的影响。这种模式下，产品品牌的国际化受体制影响较大，企业只能在体制框架约束内做出标准化或者本土化的决策。因此，其国际化程度也非常低。但综合来说，由于各国之间体制的差异性，这种模式具有明显不平衡性的特点。音像制品行业是其中的典型代表。这种模式约占品牌总数的35%。

以上四种模式各有利弊，在不同的背景下可以适当选择。但无论采用哪种模式，都需要注意两点：一是品牌的形象和定位往往采用标准化而不实行本土化，以防失去品牌个性，影响品牌的促销力；二是优秀的国际化品牌往往都采用“混合品牌国际化”模式，即“思考全球化，营销本土化”（孟雷①，2002）。

在上述四种模型的基础上，韩中和②（2002）提出了实施品牌国际化的过程，实际上是与当地消费者进行沟通的过程，需要考虑当地的文化与习俗。费明胜③（2005）探讨了影响品牌战略模式选择的两个因素包括东道国市场的经营难度和企业的综合竞争力。陈春慧、纪秋颖④（2007）将影响战略模式选择的因素界定为标准化压力和本土化压力两方面。同时，李胜兵⑤（2003）认为品牌战略本土化的影响因素包括：经济环境、政治法律环境、社会文化环境。

（2）标准化的要求界定。根据 Keller、陈春慧、纪秋颖的模型，将影响品牌战略模式选择因素界定为：标准化的要求和本土化的要求。而依据 Keller⑥（2003）的采用标准化的因素，我们将标准化的要求界定为以下几方面。

①共同的客户需求。随着全球化的不断发展，世界消费者在生活方式逐渐趋于相同，消费需求的相似性将会使企业更加倾向于采取标准化的策略（Jain⑦，1989）。吴晓云⑧（2006）提出品牌的标准化最重要的是找出世界消

① 孟雷. 品牌国际化的模式选择［J］. 商业研究，2002（13）：94-95.

② 韩中和. 品牌国际化战略研究［J］. 国际商务研究，2002（4）：24-28.

③ 费明胜. 跨国经营品牌战略模式的选择［J］. 江苏商论，2005（10）：79-81.

④ 陈春慧，纪秋颖. 中国品牌国际化现状和发展模式探索［J］. 区域经济评论，2007（1）：32-34.

⑤ 李胜兵，卢泰宏. 品牌个性维度的本土化研究［J］. 南开管理评论，2003，6（1）：4-9.

⑥ Keller K L. Brand synthesis：The multidimensionality of brand knowledge［J］. Journal of consumer research，2003，29（4）：595-600.

⑦ Jain S C. Standardization of international marketing strategy：some research hypotheses［J］. The Journal of Marketing，1989：70-79.

⑧ 吴晓云，卓国雄，邓竹箐. 跨国经营：全球品牌战略与本土化管理—以摩托罗拉手机全球品牌和 60 家相关公司的实证资料为案例［C］. 中国市场学会 2006 年年会暨第四次全国会员代表大会论文集，2006：139-146.

费者普遍认同的需求一致性，即要挖掘隐藏在各目标市场差异背后的异质性。虽然各目标市场之间存在的差异将会导致消费者产生不同的诉求，但这些差异将不会影响其背后的标准性。因此，客户需求的相似性越高，越易于采用标准化模式。

②全球客户和渠道。随着交通工具和传播媒介的发展，互联网等全球性传媒工具的不断创新以及普及程度的提高，使品牌更容易扩散到全球客户，为品牌的全球传播提供了充分的物质基础条件。因此，我们认为渠道越便捷，企业采用标准化模式越好。

（3）本土化的要求界定。

①文化差异。文化距离是原籍国与目标国文化取向的差异，是导致进入新市场不确定性的因素之一（Kogut、Singh①，1988）。在许多研究中，文化被认为是一个重要的因素。文化差异是进入国外市场的重要障碍，管理者的观念也受到其文化信仰的影响（Markus、Kitayama②，1991；Triandis③，1989）。根据相关研究显示，各目标市场的文化等价值观念将会较大程度地影响发展程度较低的目标市场消费者，他们不会一味选择来自发达国家的产品或服务（Crane④，2002）。何佳讯⑤（2004）提出各地区的人们受不同的文化背景影响，具有不同的价值观、人生观，在生活方式、语言应用、审美角度、宗教信仰等方面都存在差异，这些差异影响着品牌的标准化与本土化进程。即企业要调查目标市场的文化特征，以掌握消费者的实际需求，创造出适应本土化的品牌。

---

① Kogut B, Singh H. The Effect of National Culture on the Choice of Entry Mode [J]. Journal of International Business Studies, 1988, 19 (3): 411-432.

② Markus H R, Kitayama S. Culture and the self: Implications for cognition, emotion, and motivation [J]. Psychological review, 1991, 98 (2): 224.

③ Triandis H C. The self and social behavior in differing cultural contexts [J]. Psychological review, 1989, 96 (3): 506.

④ Morrison S, Crane F G. Building the service brand by creating and managing an emotional brand experience [J]. Journal of Brand Management, 2002, 14 (5): 410-421.

⑤ 何佳讯．推进中国品牌战略转型［J］．广告大观：综合版，2004（1）：140-141.

②消费者偏好。Douglas[①]（1987）提到全球顾客价值观念趋同的倾向，绝不能取代现实中那些由于不同目标市场文化、习俗以及价值观等产生的对标准化品牌的排斥。由于不同的文化价值、不同的收入和价格结构、经济发展和其他因素，各国市场的消费者行为可能完全不同（Remmerbach、Walters[②]，1994；Meffert、Bolz[③]，1998）。因此，企业要考虑目标市场消费者的需求和消费方式，各市场之间的差异化程度越小，品牌标准化策略越适用；反之，本土化的策略越适用。

③政治法律环境。Kreutzer[④]（1988）提出各国政治、经济以及法律等环境方面的差异必然会影响到对品牌的认知，这些差异将会使标准化策略遇到极大的阻力，从而使企业难以实现标准化策略。以企业品牌国际化进程中的广告为例，广告作为主流的宣传方式，其在实现中往往会受到各国媒体的不同、语言的差异等因素的影响而难以达到预期实现效果，进而难以让当地的消费者理解（Van[⑤]，1997）。企业在进入目标市场时，首先要考虑目标市场的制度环境中的制约因素，从而确保企业所采取的策略得以顺利实施。

（4）品牌国际化中“标准化—本土化”策略选择模式。品牌国际化中“标准化—本土化”策略选择模型如图 2-3 所示。

模式 1 区域中标准化要求较高，而目标市场本土化的压力较小，即目标市场中拥有与企业现有市场中共同的客户需求，而且文化差异以及消费者偏好都是相似的。此时，企业应选择标准品牌国际化策略模式。但在现实情况下，由于受到目标市场文化、消费者需求等因素的制约，使完全的标准品牌

---

① Douglas S P，Wind Y. 全球化的神话［J］. 哥伦比亚世界商业杂志，1987，22（4）：19-29.

② Remmerbach K U，Walters M. Markenstrategien im europäischen Binnenmarkt［J］. Handbuch Markenartikel，1994，1：1.

③ Meffert H，Bolz J. Internationales Marketing-Management［M］. Stuttgart：Kohlhammer，1994.

④ Kreutzer R T. Marketing-mix standardisation：an integrated approach in global marketing［J］. European Journal of Marketing，1988，22（10）：19-30.

⑤ Van Raaij W F. Globalisation of marketing communication？［J］. Journal of Economic Psychology，1997，18（2-3）：259-270.

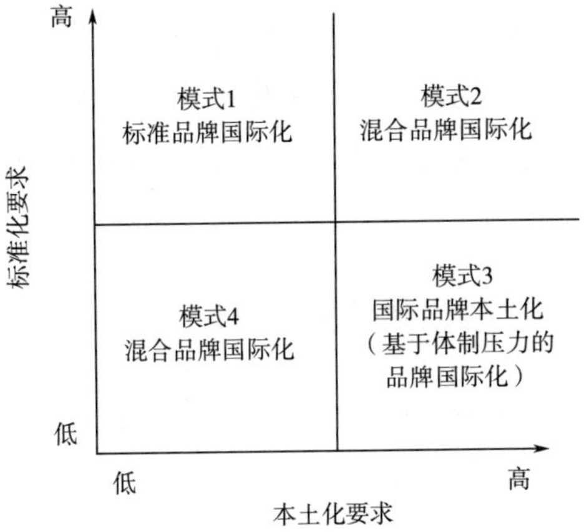

图 2-3　品牌国际化“标准化—本土化”选择模型

国际化的策略模式难以开展活动，因此，目前很少有公司采用完全的标准品牌国际化模式，通常都是将标准化与本土化相结合的模式（混合品牌国际化模式）。

模式 2 代表的情况对品牌国际化中本土化和标准化的要求都比较高，既要求企业品牌定位等因素的标准化，又要求广告、产品等某些要素适应当地的需求。因此，企业应将对本土化有要求的因素根据当地的市场情况加以调整，同时考虑标准化的规模效应，采用混合品牌国际化的形式。据相关研究表明，标准化与本土化策略的结合往往是多数跨国公司经常采用的品牌国际化策略，因为它兼顾了标准化与本土化，既可以实现规模经济的效益，又可以促进品牌与当地文化的融合，使企业更符合本土化的要求。

模式 3 表示标准化的要求较小而本土化的要求较高。据此，企业可以选择国际品牌本土化的策略模式。若当地市场的文化排外性较高，市场中消费者的需求比较独特，相对于其他区域差异性较大，则企业应根据目标市场的环境选择当地的员工及管理人员，并采取与当地文化相符合的品牌本土化经营策略。若当地的政治因素比较强，对两国之间的贸易有要求时，企业应在考虑法律制度的前提下，根据标准化与本土化的要求选择合适的策略。

模式4区域中标准化和本土化的要求都比较小，说明企业的实力往往不是很强，因此，企业要综合考虑自身的综合实力，合理选择混合品牌国际化的模式。因为混合品牌国际化既可以利用标准化为企业带来低成本的效益，又可以利用本土化更好地贴近消费者，以获得更大的市场占有率，促进了企业的国际化发展。

2.3.2　品牌国际化竞争战略选择

企业进入目标市场将会面临与本土企业以及国际化经营企业的不同竞争，因此，企业品牌国际化的竞争战略也是企业品牌国际化的重要组成部分。品牌国际化实际上是未来的发展计划，而战略也是长期的、具有计划性的，两者之间具有相似的特征。品牌国际化的成功实现，很大程度上依赖品牌国际化战略的制定。Keller[①]（1998）强调品牌国际化的重要性，认为“战略”是品牌发展的关键。其他众多学者也都认为国际化就是一种战略选择过程，并对此进行了大量研究。竞争战略将会从不同的角度指导企业的发展，是企业品牌国际化的重要部分。

竞争战略被认为是企业战略的一部分，是企业在总体战略的制约下，指导和管理具体战略经营单位的计划和行动。在各种战略分类中，著名的竞争战略之父迈克尔·波特的竞争战略最具有代表性。迈克尔·波特将企业的竞争战略分为了四种基本形式（图2-4）：低成本战略（lower cost strategy）、差异化战略（differentiation strategy）、集中低成本战略（cost focus strategy）、集中差异化战略（differentiation focus strategy）。

2.3.2.1　低成本战略

低成本战略也可以称为成本领先战略，是指企业通过各种有效途径，降低企业的成本，使自身成本低于行业中的其他竞争对手或者在同行业中保持最低的成本，以低成本获取竞争优势的战略。这种战略的目标是广阔的大众市场。要想获得成本优势，需要企业在各个环节（包括研发、生产、营销等

---

① Keller K L. Strategic brand management [M]. Upper Saddle River, NJ: Prentice Hall, 1998.

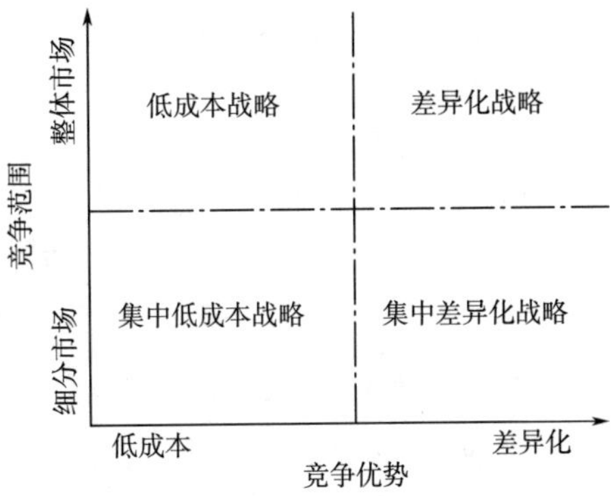

图 2-4 波特的竞争战略选择模型

方面）具有成本优势，从而可以获得规模经济效应，最后得到低成本的竞争优势。

低成本战略的实施包括两个方面：规模经济效应和价值链整合。规模经济效应是指通过大规模的生产销售来降低成本进而使利润增加的行为。价值链即在价值链活动规模较大时，活动的效率提高或者是活动的成本可以分摊在较大的规模业务量中，从而使单位成本降低。

这种影响具体表现在价值链活动规模较大时，活动的效率提高或者是活动的成本动因可分摊于较大规模的业务量而使单位成本降低。企业通过分解价值链的方法，在价值链上的每个环节控制成本，使得研究和开发、生产、销售等环节的成本都低于行业中的竞争对手。通过价值链的整合可以使各个环节实现低成本战略。一般情况下，低成本战略适用于竞争十分激烈且产品同质化现象较为严重的行业中。

2.3.2.2 差异化战略

差异化战略主要是指企业创造、设计独特的产品和服务，从而使企业在行业内脱颖而出，获得独特竞争优势的一种策略方案。这种战略也是瞄准广阔的大众市场的一种策略方案。差异化战略得以实施的前提是独特性产生的品牌忠诚度降低了消费者对价格的敏感度，一般来说，差异化的成本可以从消费者的购买中得到回报。从另一方面来说，消费者因差异化形成的忠诚度也可以成为进入壁垒，从而使企业在行业中获取竞争优势。但实施差异化战略将会面临很多风险，包括企业在成本竞争中处于劣势地位、模仿品的出现将会破坏企业的竞争优势等（线理①，2015）。

李娜②（2018）提出企业品牌国际化过程差异化的构建策略，主要包括三方面：品牌定位差异化、品牌架构差异化和品牌要素差异化。品牌定位差异化是指企业通过调查市场中的消费需求及竞争对手，以明确自身产品的特点，从而提高自身产品的核心竞争力；品牌架构差异化是指企业品牌的选择，企业进入国际化通常面临三种选择：以企业命名的企业品牌，以产品命名的产品品牌及包含前两者的混合品牌（Laforet、Saunders③，1994）。企业根据自身的情况选择相应的品牌架构；品牌要素差异化包括品牌标识和品牌名称两方面（李英等④，2015）。品牌标识是企业与消费者之间沟通的桥梁，企业通过品牌标识直接将品牌信息传递给消费者，创造差异化的品牌标识是吸引消费者的关键因素。而经实际调查发现，品牌名称一般以创始人名字、产地名字等组成，品牌名称差异化主要目的是彰显出品牌的个性和品牌理念。相较于低成本战略，品牌的差异化战略可以使企业产生更高的利润。

2.3.2.3　集中低成本战略

相较于低成本战略，集中低成本战略重点关注特定的消费者群体或地域市场，并试图只服务于这一小部分细分市场。集中低成本战略的价值在于集中精力经营一个狭窄的战略目标市场，在这个市场中超越竞争对手，成为这个市场中的领先者。集中低成本战略中最重要的是在盈利能力与整体市场份额之间的权衡。

---

① 线理．差异化竞争战略在品牌管理中的应用研究［J］．经营管理者，2015（30）．

② 李娜．企业品牌国际化过程的差异化战略探究［J］．邢台学院学报，2018（1）：103-105.

③ Laforet S, Saunders J. Managing brand portfolios: how the leaders do it［J］. Journal of Advertising Research, 1994, 34（5）：64-77.

④ 李英，王晨筱，李晓．要素供应商视角下要素品牌战略实施初探［J］．商业经济研究，2015（24）：67-68.

2.3.2.4 集中差异化战略

集中差异化战略是关注于特定购买群体、产品细分或地域市场的差异化战略，是企业通过为这个细分市场的消费者提供独特性的产品或服务来建立竞争优势的一种战略。集中差异化的最终目的是在特定区域隔离竞争对手，创造产品和服务的独特性。

集中差异化战略避开了行业中的主要竞争对手，避免了与竞争对手的正面冲突，使企业位于一个竞争的缓冲地带，增强了企业的竞争优势。一般来说，集中差异化的适应性表现在集中的市场区域中消费者的需求具有差异性。要想实现集中差异化战略，就必须将创造价值所需的各种活动连接起来。在企业价值链的每个环节上，实现差异化。集中差异化的精髓体现在可以比竞争对手更好地服务于细分目标市场的消费者，从而成为该目标市场的“巨人”。

2.4 品牌国际化研究评述

国外学者较早开展品牌国际化理论研究，相关文献从国际营销管理、组织制度、消费者心理以及知识产权保护等角度进行了探索研究，研究内容主要包括：①品牌国际化过程中的标准化与本土化，即在产品设计、广告发布等方面如何考量、选择；②品牌国际化过程中企业组织架构的安排设计，如是否应设置品牌管理部门，分权化与集权化管理模式的选择等；③探讨不同市场和不同文化环境中消费者对品牌形象认知的差异；④品牌创新与保护问题（Douglas et al.，2001；Keller，1998；韩中和，2008）。

国内企业品牌国际化研究尚处于初期，研究重点在于如何在国际主流市场创建品牌资产，如何通过跨国文化竞争、品牌传播实现中国品牌国际化。国内相关研究内容大体可以归纳为：①发展中国家，尤其是中国企业品牌国际化的战略/路径分析，包括目标市场选择、国际市场进入方式、品牌传播策略等；②原产地形象或品牌文化传播对企业品牌国际化的影响，探索原产地形象的作用机制，包括晕轮效应、详尽可能性模型等；③立足于跨文化视角，分析弱势民族品牌跨国并购强势品牌后的品牌有效战略研究和作用路径；④中国企业自主品牌的国际化经营以及升级路径研究（杨光玉[①]等，2014；袁胜军[②]等，2012；陈柳[③]，2012；田剑英[④]，2009）。国内学者关于品牌国际化的研究，更多地带有后发国家或后发企业在国际市场，尤其是在主流国际市场建立品牌资产，将弱势品牌转化为强势品牌的特点。

作为可持续发展诉求下新兴的研究领域，品牌国际化当前研究仍存在以下问题：①基础理论研究不足，品牌国际化的理论内涵和战略路径分析并不清晰，其独特属性、动态环节和发展规律亟待挖掘；②协同演化关系研究不足，品牌国际化经营行为与制度环境之间不是单向的决定关系，也不是简单的相互决定关系，二者之间双向和共生的协同演化机制亟待厘清；③情境嵌入研究不足，尽管现有研究对企业实施品牌国际化提供了借鉴，但对于某一区域企业的品牌国际化经营问题鲜有涉及，至今很少有针对北京市企业品牌国际化经营问题的深入研究，基于北京市情境的规范分析亟待充实。为此，本书立足北京企业实际情况，引入制度理论，挖掘品牌国际化经营与制度环境协同演化机制，以揭示北京企业品牌国际化经营的对策与路径，提炼具有原创性的学术成果。

---

① 杨光玉，王海忠．中国企业品牌国际化升级路径研究——从品牌机制角度探究国际化品牌长青基因［J］．科技进步与对策，2014.

② 袁胜军，符国强．原产地形象对中国品牌国际化的启示［J］．软科学，2012.

③ 陈柳．文化认同、跨国文化竞争与中国品牌国际化［J］．学习与实践，2012.

④ 田剑英．民营企业自主品牌国际化的决策因子分析——以宁波市为例［J］．经济社会体制比较，2009.

3

品牌国际化“三阶段”式框架性研究

Johnson 和 Wiedersheim①（1975）、Root②（1994）等学者指出，企业海外市场的规模是随着企业国际经营经验的逐渐积累而不断变化的。当对海外市场了解不多时，企业不会贸然地使用资源承诺程度高的进入方式；随着企业国际经营的经验增加，企业可能会逐步增大该国市场的投入，也可能会选择控制度更高的进入模式。由于企业进入国际市场存在一定的演进轨迹，因此可以构建一个符合演进理论的品牌国际化“三段式”框架。如图 3-1 所示，品牌国际化“三阶段”式框架分为市场进入路径、品牌成长方式及进入后的品牌国际化战略三部分，企业将按照“市场进入路径——品牌成长方式——品牌国际化战略——新的市场进入路径……”的框架不断进行战略决策，不断推进企业品牌国际化。

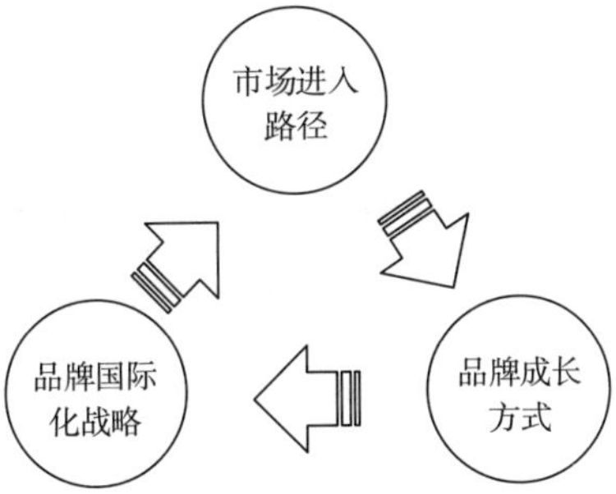

图 3-1　品牌国际化经营总框架示意图

3.1　市场进入路径框架

市场进入路径是指企业在扩展自己的国际市场之前，思考进入何种类型的国家和地区。影响企业市场进入路径选择的因素众多，其中包括企业创新能力、企业财务资源、行业发展现状、市场环境、社会文化之间的差异等。

① Johnson J, Wiedersheim-Paul f. The internationalization of the firm-four Swedish cases [J]. Journal of Management Studies, 1975, 12 (3): 11-24.

② Root F. Entry strategies for international markets [M]. Lexington books, 1994.

综合制度理论以及市场进入路径的相关研究，本研究认为企业考虑最多的是其自身的竞争力大小与企业所在产业的国际竞争力这两个因素。

基于此，我们构建了企业的市场进入路径的框架模型：

$R_1 = F(P_1, C_1)$

其中，R_1 是因变量，代表企业所选择的市场进入路径。P_1 与 C_1 是两个自变量，其中 P_1 代表企业自身的竞争力，主要包括企业资源、能力以及企业的外部竞争环境等因素，通过对企业层面的因素来影响市场进入路径的选择；C_1 代表企业所在产业的国际竞争力，即母国的要素禀赋优势（如自然资源、地理位置、市场结构、基础设施等）和政治法律制度、经济政策、人文状况等。产业的国际竞争力是外部因素，从国家层面影响着企业进入国际化市场。之所以选择 P_1 与 C_1 这两个因素作为框架的自变量，是因为企业选择市场进入路径是在预测和分析外部环境变化，以及企业自身资源和能力的基础上做出的企业发展远景规划。通过对 P_1（企业竞争力）和 C_1（产业的国际竞争力）这两个影响因素的组合，并参照宋永高（2003）、苏勇（2003，2007）等学者对市场进入路径的分类方法，即将市场进入路径分为进入发达国家路径、进入欠发达国家路径、进入中等发达国家路径，构建进入路径框架。可以得到以下的示意图（图 3-2）。

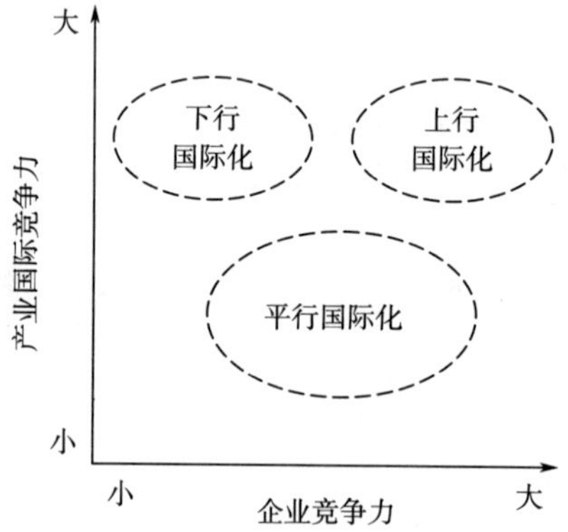

图 3-2　市场进入路径框架示意图

3.1.1 上行国际化

当企业自身竞争力较强，并且该产业的国际竞争力也强时，该企业可以选择上行国际化路径，一般来说是指企业进入发达国家市场模式。该路径的实质是在一开始就占领市场竞争的制高点。一旦成功，该企业的品牌就成为强势品牌，因此就可以借此机会将产品迅速推广到世界各地。

在该路径下，企业需要集中自身的规模优势、管理优势和技术优势，在发达国家市场与大中型跨国公司进行正面较量，并接受挑剔消费者的考验。在这种交锋和考验的过程中，企业不断壮大实力，努力提升品牌的知名度和美誉度。在逐渐成长为强势品牌之后，企业再转向相对容易进入的其他国家或者地区。这种路径的优点非常显著：由于发达国家市场在全球范围内具有示范效应，只要企业的品牌能够在发达国家市场中站稳脚跟、树立良好的品牌信誉和形象，就意味着该品牌经历了全球最严格的考验，从而成为一个国际品牌。此时再转向中等发达国家或不发达国家市场，就会很快被全球市场所接受。在企业主攻发达国家市场时，美国市场是最重要的，因为在美国市场的成功对品牌在欧洲、日本市场的发展很有帮助。

许多日本企业（如索尼、松下、丰田等）进行品牌国际化时，均采用了上行国际化路径，如率先进入美国市场。但由于进入发达国家的壁垒较高，这种路径的见效时间比较漫长。海尔为了进入美国市场，花费了十多年时间，从产品出口做起，逐渐进入美国市场。因此，选择上行国际化路径对企业的要求很高。企业除了要有耐心、恒心和信心外。为了开拓发达国家的市场，还需要投入大量的广告费用、经营费用。

3.1.2 下行国际化

当企业自身竞争力较弱，但该产业的国际竞争力强时，可以选择下行国际化路径，一般来说是指企业选择进入欠发达国家市场。欠发达国家（如部分非洲和东南亚国家等）的经济发展水平较低，市场发育也不够成熟。这些市场一般缺乏强势的本土品牌，因而对于产业国际竞争力强的企业来说，这类市场更容易进入。与此同时，进入这些欠发达国家建立品牌形象和品牌信誉的投资比较少，甚至还有一些政府的优惠政策，企业为此需要付出的代价较低。并且还可以在短时间内见效，为企业品牌进入更广阔的国际市场提供最为直接的、可以借鉴的操作经验，有助于增强企业打造国际化品牌的信心和决心。

TCL 在进入国际市场初期，采用的就是下行国际化路径，首先进入越南等国市场，由此 TCL 成为中国家电行业中率先实现国际化的企业。而重庆力帆摩托也是通过走下行国际化的路径进入国际市场的。20 世纪 90 年代，力帆就将目光投向了海外市场。在考察市场环境、综合自身竞争力后，力帆摩托选择了越南作为首要进入的海外市场，并通过品牌优势在价格战中取得了领先优势。在越南逐渐站稳脚跟后，力帆紧接着进入了伊朗、尼日利亚、印度尼西亚、菲律宾等国家，逐步提高其在全球的市场份额和知名度。如今力帆已经将品牌逐渐扩展到美国、意大利、爱尔兰等国家。

然而，这种路径也存在明显不足。最大的不足是：企业在欠发达国家的市场中建立的信誉和形象，基本上无法扩散到其他国家（特别是无法扩散到发达国家）。例如 TCL 在越南等地的成功，并不能获得美国、日本等国家市场中消费者的认可。如果企业之后希望进入这些发达国家的市场并建立起品牌的知名度，还需要从头做起。也就是说，越南等欠发达市场上的品牌信誉不能有效传播到其他较为发达的国家。唯一的好处是企业有了海外成功经营的经验，在操作时可以更加从容，更加熟悉品牌国际化进程，从而可以提高进入发达国家市场的成功率。

3.1.3 平行国际化

当该产业的国际竞争力较弱时，企业可以选择平行国际化路径，一般来说是指企业选择进入中等发展中国家。企业可以根据自身的竞争力选择对应的目标市场，若自身竞争力较弱，则可以选择进入与母国环境相近的市场。

该路径兼有前两者的一些优势。在市场发育水平等方面，中等发达国家市场介于发达国家和欠发达国家之间。选择进入这一类市场，就是因为该类市场与企业所在国家更为相似，消费者更易接受，树立品牌的难易程度适中。对于具有一定竞争力的企业来说，可以较为容易地积累在异国他乡建立品牌信誉和形象的经验，包括由中等发达国家市场向周边欠发达国家扩展品牌信誉和形象等。之后，企业在其他市场树立品牌的时间将会缩短，需要投入的资源也会减少：向上，可以比较容易地扩展到发达国家的市场，不会像直接进入发达国家市场那样需要很长的时间；向下，也可以比较容易地扩展到欠发达国家的市场。并且，成功运作的经验可以进一步为企业树立品牌国际化的信心。该路径的劣势是品牌国际化路径缺乏一定的明确性。

3.2 品牌成长方式框架

在企业选择市场进入路径之后，需要进一步思考企业的品牌如何进入该市场。根据以往学者的研究，影响品牌成长方式的因素主要为企业规模、技术水平、产品等内部因素，以及文化、经济、政治等外部因素（Erramilli①，1991；Delios 和 Henisz②，2003；盛楠等③，2009）。综合制度理论与品牌成长方式的相关研究，本研究认为企业考虑最多的应该是其自身的竞争力大小与同东道国的制度距离这两个因素。

基于此，我们构建了企业的品牌成长方式的框架模型。

$$M_2 = F(P_2,\ D_2)$$

其中，M_2 是因变量，代表企业所选择的品牌成长方式（brand growth mode）。P_2 与 D_2 是自变量。其中，P_2 代表企业自身的竞争力（competitiveness of

---

① Erramilli MK. The Experience Factor in Foreign Market Entry Behavior of Service Firms [J]. Journal of International Business Studies, 1991, 22 (3): 479-501.

② Delios A, Henisz W J. Policy Uncertainty and the Sequence of Entry by Japanese Firms, 1980-1998 [J]. Journal of International Business Studies, 2003, 34 (3): 227-241.

③ 盛楠，张大亮，邢以群．中国企业品牌国际化模式及条件研究 [J]. 经济论坛，2009 (21): 7-11.

enterprises)。基于资源基础观理论（Barney[①]，1991），决定企业竞争力大小的因素主要来自企业的内部，如企业文化、技术因素等。因此本研究将企业竞争力作为一个影响品牌成长方式重要的内部因素。D_1 代表企业所在国家与东道国之间的制度距离，即母国与东道国制度环境的差异，包括政治法律制度、经济政策、人文状况等之间的差异，是影响企业品牌国际化成长方式的外部因素。之所以选择 P_2 与 D_2 这两个因素作为框架的自变量，是因为企业的品牌成长方式是基于企业内部资源、能力，以及外部文化、经济等环境变化的基础上进行的决策。通过对 P_2（企业竞争力）和 D_2（与东道国的制度距离）这两个影响因素的组合，可以得到以下示意图（图 3-3）。

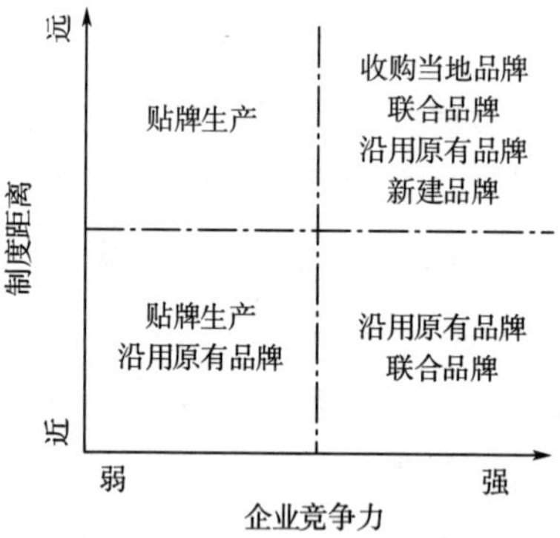

图 3-3　品牌成长方式框架示意图

3.2.1　贴牌生产模式

贴牌生产（OEM）又称“代工生产”，厂家接受品牌拥有者的生产制造外包任务，完成生产后，贴上品牌拥有者的品牌。一般情况下，当企业竞争力较弱时，企业可以选择贴牌生产的方式向国际输出品牌。

该路径可以使竞争力弱的企业（特别是劳动密集的、附加价值较低的、

① Barney J B. Firm resources and sustained competitive advantage [J]. Journal of Management, 1991, 17 (1): 99-120.

加工贸易为主的制造业）得到迅速的成长，并可以获得一定的品牌国际化经验。当然，贴牌生产模式只是第一步。在实践过程中，很多竞争力落后的企业通过贴牌生产积累相关经验，就有可能逐渐转化成为 ODM 模式（original design manufacture）——代工的企业除了承担生产制造任务外，进一步参与品牌拥有者交予的深度加工组装和产品设计等活动。有的企业更是越过了该阶段，直接走向了 OBM（own brand manufacture）——在国际市场上开拓自有品牌。

格兰仕是中国实力较为雄厚的制造企业，它从 1992 年开始进入家电行业，期初它为国际知名品牌进行贴牌生产，借此积累国际化经验，并迅速地扩大国外市场，最终成为世界最大的专业微波炉制造商。同时，格兰仕还向着电磁炉、电饭煲等与微波炉产业相关的小家电业延伸，不仅稳固了它在微波炉行业的领先地位，还逐步发展成为国内外知名的“小家电世界领导品牌”。可以说，格兰仕是中国企业在跨国经营中实施贴牌生产战略成功的典范，目前格兰仕与全球 200 多家跨国公司建立了合作关系，产品遍及全球 100 多个国家和地区（黄琬舒[①]，2011）。

虽然贴牌生产模式对企业竞争力要求较小，但企业想要达到开拓自有品牌的阶段，并不简单。早期时候，该模式投资大却回报小，企业的边际利润较为微薄，同时市场风险较高。更为严峻的是，贴牌生产模式可能会阻碍建立自主品牌的认知度，从而妨碍企业推广自己的品牌（夏先良[②]，2003）。

3.2.2 联合品牌模式

联合品牌是指分属不同企业的两个或多个品牌进行合作的一种形式，这些品牌在消费者心目中具有较高的认知度，而它们各自的品牌名称又都保留

① 黄琬舒．后危机时代我国企业的品牌国际化经营模式探究——基于格兰仕和海尔的案例视角［J］．中国商贸，2011（17）：194-195.

② 夏先良．中国企业从 OEM 升级到 OBM 的商业模式抉择［J］．财贸经济，2003（09）：64-69.

在联合品牌之中（Aboody and Lev[①]，1998）。联合品牌模式是一种品牌之间的联合，一般来说有利于企业之间实现优势互补。其中，最高层次的联合品牌是"强强联合"，指的是两家企业集中各自的核心资源、能力和优势来共同生产一个产品或提供一种服务，对企业来说是实现双赢的局面。

一般情况下，当企业准备开拓新的目标市场时，由于对市场环境不熟悉，企业会选择在当地寻找一个合适的企业发展联合品牌，共同拓展市场。因此，当企业竞争力强的时候，可以选择该模式，例如以下几种情况。

3.2.2.1 **企业竞争力强，制度距离远**

法国著名的乳制品企业达能（Danone）就采用过联合品牌的形式。1995年，该企业打算拓展南非的市场。在进入过程中，由于当地消费者对达能品牌并不熟悉，所以尽管达能采取了各类营销措施，品牌认知度依旧不高。后来，达能同南非最大的鲜奶制品生产商 Clover 达成共识，联合推出了合作品牌"Clover Danone"。在此之后，由于"Clover"品质佳、形象好，带动该联合品牌迅速受到了当地消费者的欢迎，结果大获成功。

3.2.2.2 **企业竞争力强，制度距离近**

2001年，世界第三大移动电话制造商爱立信公司（瑞典）在日本与索尼首次推出了"索尼—爱立信"这一联合品牌。其中，索尼拥有着出色的工业设计基础，并且在音乐、游戏等产业上积累了深厚的经验，而爱立信则是欧洲老牌的通信企业。两家企业在自己的领域上都有着优势，所以一拍即合。在索爱推出手机后，它的市场占有率急速飙升，一度仅次于三星手机，成了手机市场的"黑马"。

3.2.3 收购当地品牌模式

收购当地品牌是指企业在目标市场购买当地具有一定知名度、占有一定市场份额的品牌，通过收购来获取该品牌背后的各种资源（如销售渠道、顾

---

① Aboody D, Lev B. The Value Relevance of Intangibles: the Case of Software Capitalization [J]. Journal of Accounting Research Supplement, 1998, 36: 161-191.

客等)。收购当地品牌可以使企业更容易得到目标市场消费者的认可，从而可以迅速地占领当地市场，达到快速拓展海外市场的目的。

收购当地品牌是企业在进行国际化扩张时一种常见的模式。因为收购需要企业具有雄厚的资金、强大的人力物力作为支撑，一般情况下，该模式适合一些相对实力强的企业，即本身具有一定影响力，但想要在制度距离较远的国家或者地区拓展业务的企业。被称为“中国企业常青树”的万向集团就通过收购当地品牌打开了海外的市场，包括英国的 AS 公司、美国的舍勒公司等，从而得到了当地消费者的认可，打开了发达国家的市场，推进了万向集团品牌国际化的进程。但是在实施并购品牌的策略时，企业需要考虑收购的品牌是否与企业现有品牌处于同一个细分市场，从而使二者的品牌资源达到有效整合。

3.2.4 沿用原有品牌模式

沿用原有品牌是指企业在所在国家内创建自己的品牌，将其做大做强后，经营该品牌去拓展海外的市场，走向品牌国际化的道路。使用该模式进入国际市场是一个极其缓慢的过程，且投资不菲，因此适合竞争力较强的企业。当然，竞争力较弱的企业也可以通过该模式逐渐向所在国家的周边渗透，从而实现品牌国际化。

日本著名企业索尼在国际化的道路上，一直坚持沿用原有品牌道路。在进入美国市场的初期，它虽然遇到了很多困难，却拒绝了为 Bulova 公司代工生产（OEM）的要求，专注索尼自身品牌。而中国的华为也是如此，一直坚持打造自身品牌，专注新技术的研发与创新，推广自己的原始品牌，从而实现了国际化发展。

很多企业的经验表明，沿用原有品牌的道路并不容易。企业需要具有雄厚的资金，以便开拓目标市场，发展渠道；同时，企业要有自己的核心竞争力，才能保证在竞争过程中生产和提供国际主流市场上需要的产品或服务，从而不被国际知名品牌拖垮。

3.2.5 新建品牌模式

新建品牌是指企业在进入其他国家市场后，在东道国创立一个新品牌进行经营。一般来说，企业为了摆脱原产国效应会选择创立新的品牌。同沿用原有品牌模式一样，该模式进入国际市场较为缓慢，适合财力雄厚、竞争力较强的企业。当自身竞争力较强、并且所在国家的制度距离与目标市场相隔较远时，企业会选择该模式。也有一些企业（如波导）由于企业决策失误，导致原有的国内市场严重缩水，因此更换了品牌进入其他国家。

3.2.6 小结

综上所述，企业在选择实施品牌成长策略时，可以参照企业竞争力与制度距离，将其分为四个模块：

（1）当企业竞争力强，所在国家与目标市场之间制度距离近的时候，企业可以采用沿用原有品牌以及联合品牌的模式。

（2）当企业竞争力强，所在国家与目标市场之间制度距离远的时候，企业可以采用收购当地品牌、联合品牌、沿用原有品牌以及新建品牌的模式。

（3）当企业竞争力弱，所在国家与目标市场之间制度距离近的时候，企业可以采用贴牌生产以及沿用原有品牌的模式。

（4）当企业竞争力弱，所在国家与目标市场之间制度距离远的时候，企业可以采用贴牌生产的模式。

当然，本框架只是为企业提供了一个参考依据。企业在进行品牌国际化的过程中，会综合多方面因素进行考量，每个企业都将根据自身的实际情况去选择。

3.3 品牌国际化战略

基于企业综合实力以及与目标市场的制度距离两个因素，本研究构建出一个 2×2 的企业品牌国际化战略选择的理论模型，用于说明企业在进入目标市场后，该如何选择企业的行动策略，如图3-4所示。基于企业综合实力的强弱以及制度距离的远近，这一理论模型可以帮助企业管理者选择适合本企业的行动模式。以下先对这四种不同的品牌国际化战略做一个简单的介绍，然后结合以上两种因素对企业行动策略的选择进一步加以分析。

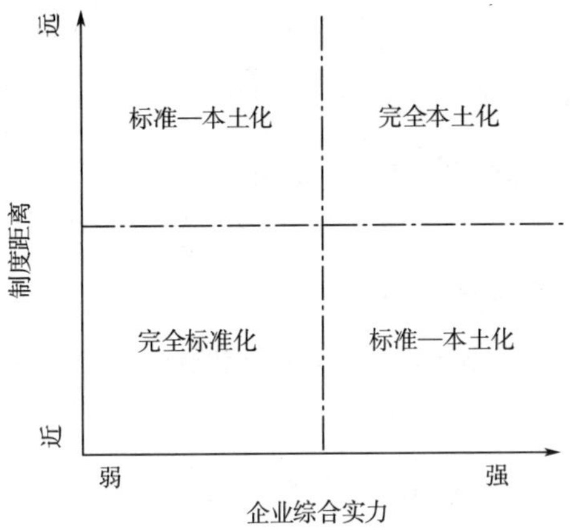

图3-4　品牌国际化战略框架示意图

3.3.1　企业品牌国际化战略模式

本书将品牌国际化的战略模式归结为以下三种。

(1) 完全标准化模式。完全标准化模式的特征：在所有的营销组合要素中，除了进行必要的战术调整，其他的产品、渠道等要素均实行统一化和标准化。这种模式将全球市场视为完全相同，每一个国家或是地区都可以看作是无差异的子市场。强调了统筹规划的特点。在完全标准化模式下，一方面，便于企业进行集中管理和操作，有利于加强各地消费者对品牌的认知，增强品牌定位的稳定性和品牌的凝聚力。另一方面，这种模式忽略了各国家和地区的差异性，将其视为无差别的市场，这种假设在一定程度上是有误差的。实际上，各国和地区之间在文化、市场等方面有着较大的不同，将其视为无差别的市场可能会有与当地文化冲突或供需不匹配等情况。经有关实践表明，标准品牌全球化的适用性是有条件的，其在高档耐用消费品、高层次全球服务等方面的解释程度更高。这种模式约占品牌总数的22%。

（2）标准—本土化模式。标准—本土化模式是指只有对品牌形象和品牌定位等重要的要素实行统一的标准化，其他的营销要素（如产品，广告略等）均要根据当地的市场情况加以调整，以便于与当地文化融合，使消费者更容易接受，易于品牌国际化的实施。这种模式正是“思考全球化，行动本土化”的具体表现。它兼顾了标准化与本土化，使品牌在有统一标准的同时更符合当地市场的需求，更符合企业的发展战略。从行业角度来看，全球的汽车行业大多采用这一模式。这种模式约占品牌总数的27%。

（3）完全本土化模式。完全本土化模式是指在品牌国际化战略实施的过程中，所有的要素组合都要充分考虑所在国家和地区的文化、消费习惯等因素，并根据相关因素进行调整。完全本土化模式是国际化程度最低的品牌国际化战略。这种模式更加依赖于本土化的背景。由于各国和地区的文化背景各不相同，再加上企业进入国际市场要考虑的政治、法律、经济等差异性的问题，因此，“标准”本土化更符合实际情况。食品和日化产品是这种模式的典型代表。这种模式约占品牌总数的51%。

3.3.2 企业品牌国际化战略模式选择

企业的综合实力以及本国与其他国家之间的制度距离均影响企业的品牌国际化战略模式。我们认为制度距离越远，企业越倾向于本土化；制度距离越近，企业越倾向于标准化。又因为本土化的成本高于标准化的成本，因此，企业的综合实力越强，企业越倾向于采用标准化。

根据理论模型以及对制度距离的衡量以及企业综合实力的测算，企业的模式选择有如下情况。

（1）企业所在市场与目标市场的制度距离较远，企业综合实力强时，企业可以采取完全本土化策略（右上）。即企业现所处市场与目标市场有较大的差距，且企业有足够的资金实施国际化战略时，企业可以完全迎合目标市场消费者的偏好，而不考虑成本，选择完全本土化策略。

（2）企业所在市场与目标市场的制度距离较近，企业综合实力弱时，企业可以采取完全标准化策略（左下）。即企业所处的市场与目标市场相类似，且企业没有足以实施完全本土化的资金时，企业可以选择完全标准化策略。一方面，企业可以通过完全标准化实现规模经济，节约企业的成本；另一方面，实施完全标准化更易于企业品牌的全球化传播。

（3）企业所在市场与目标市场的制度距离较远，企业综合实力弱时，企业可以采用标准—本土化策略（左上）。即企业所处市场与目标市场有较大的差距，但是企业的资金不足以使企业实现完全的本土化。在这种情况下，企业可以选择将与消费者需求差异化最大且最直接影响消费者购买的差异化部分实行本土化，其他部分实行标准化。

（4）企业所在市场与目标市场的制度距离较近，企业综合实力强时，企业可以采用标准—本土化策略（右下）。即企业所处市场与目标市场的需求、文化等情况相类似，且企业的实力较强。在这种情况下，企业采用标准本土化策略。一方面由于制度距离较近，所以选择某些要素标准化以便于品牌的传播；另一方面，又因为企业有足够的资金可以实现本土化，因此，企业可以选择某些要素实现本土化，以迎合目标市场的消费者，以提高消费者的购买欲望。

综上所述，我国企业在进行品牌国际化战略选择时，要根据企业综合实力以及与目标市场的制度距离进行选择。标准化可以为企业带来巨大的规模效应，使品牌在全球得以有效地推广；而本土化则可以更好地贴近目标客户，以获取更高的市场占有率，但与此同时，随着本土化的不断提高，企业的成本也会逐渐上升。我国企业在品牌国际化过程中必须综合考虑各种因素，根据实际情况采用适合企业自身发展的品牌国际化战略模式。

3.3.3 小结

（1）标准化能够为企业实现巨大的规模效应，但完全标准化的策略要谨慎选择。因为无论企业进入何种目标市场，制度距离必然存在，而完全标准化的策略则是忽略目标市场的差异，一味地实行标准化，难以获得成功。完全标准化一般适用于高档的奢侈品以及化妆品企业。因此，我国企业在选择完全标准化的策略时，还要考虑自身所处的行业。

（2）完全本土化战略是目前在我国企业极为少见的一种模式策略。完全的本土化意味着企业拥有强大的综合实力，而且在进行国际化中极力地迎合目标市场的消费者需求而放弃自身原有的品牌。这种策略模式意味着“从零开始”，而且不利于企业全球化的推进。因此，我国企业在选择这种策略时必须要考虑其品牌全球化与制度距离之间的衡量。

（3）标准—本土化模式是目前我国应用最多的一种策略模式。例如，海尔集团在考虑标准化与本土化两方面的压力后采用了单一品牌的标准—本土化策略，即品牌标识标准化，产品、广告等其他方面的本土化。海尔集团国际化至今，已分别在北美、欧洲、中东等市场发展其专营店，并通过专营店提升其品牌声誉。TCL 集团在品牌国际化时选择了多品牌标准—本土化模式，即品牌标识的标准化—本土化。我国企业国际化过程中选用标准—本土化战略，一方面可以使企业迅速覆盖全球市场，加快了全球市场的技术研发以及转化速度，另一方面通过合理的方式规避了目标市场的技术以及贸易壁垒。

因此，企业应根据自身的综合实力以及与目标市场的制度距离，选择适合企业的品牌国际化战略模式。对于企业品牌的国际化来说，最大的成功莫过于能够将其品牌与国际市场相匹配，从而实现品牌的全球化，扩大品牌的知名度。例如，欧美等发达国家的市场成熟度较高，我国企业进入难度较大，所以，我国企业在进入欧美市场时一般都会谨慎考虑当地的市场状况。相反，对于我国来说，发展中国家的本土化压力小，更利于企业品牌国际化的进行。例如，海尔在发达国家宣传时就要考虑到当地的技术标准，而在其他的发展中国家就只需考虑同行标准即可。

4

北京市上市公司品牌国际化经营现状分析

4.1 北京市上市公司品牌国际化概述

北京是中国的首都，也是中国政治、文化、国际交流、创新中心，北京市的企业在国际化发展中拥有更多的与国外企业交流的机会，与此同时，北京企业能够第一时间享受国家对外贸易政策等的支持，这些都利于企业更好地进行国际化发展。本书研究的对象选取北京市上市公司。上市公司是我国优秀企业的代表，其在经营模式、品牌国际化发展路径的选择上都对其他企业有积极的参考意义。

4.1.1 北京市上市公司基本概况

截至2018年2月28日，北京市共有上市公司309家，占全国A股上市公司3 494家的8.84%；辖区上市公司总股本24 056.90亿股，占A股上市公司总股本的39.16%；总市值137 841.66亿元，占A股上市公司总市值的24.57%，总体经营状况良好。

4.1.1.1 权属分布

北京辖区309家上市公司中，A股公司281家、A+H股公司27家、A+B股公司1家。其中，央属公司93家、市属公司34家、民营公司166家、其他类别公司16家。

4.1.1.2 板块权重

北京辖区内有主板公司162家、中小板公司50家、创业板公司97家。主板公司总股本22 957.67亿股、总市值122 789.41亿元，分别占全国主板公司的45.76%和29.94%；中小板公司总股本441.89亿股、总市值6 273.13亿元，分别占全国中小板公司的5.77%和6.24%；创业板公司总股本657.33亿股、总市值8 779.12亿元，分别占全国创业板公司的19.98%和17.98%。

4.1.1.3 沪深两市分布情况

北京辖区内上交所上市公司135家，总股本22 136.65亿股，占上交所的51.86%，总市值116 099.72亿元，占上交所的34.76%；深交所上市公司174

家，总股本 1 920.24 亿股，占深交所的 10.24%，总市值 21 741.95 亿元，占深交所的 9.58%。

4.1.1.4 企业办公地址分布

在调查的 309 家上市公司中，如图 4-1 所示，依照办公地址进行划分。企业办公地址分布最多的是海淀区，共有 114 家上市公司，其次是朝阳区（65 家），接下来依次是西城区（35 家）、东城区（27 家）、大兴区（22 家）、丰台区（13 家）、昌平区（9 家）、顺义区（9 家）、石景山区（8 家）、房山区（3 家）、通州区（2 家）、怀柔区（1 家）、门头沟区（1 家）。

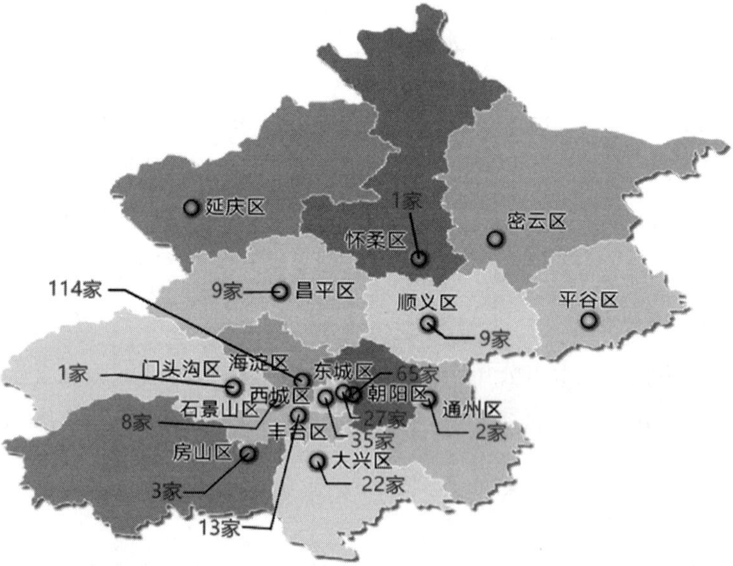

图 4-1 北京市上市企业办公地址分布示意图（截至 2018 年 2 月 28 日）

资料来源：作者自行绘制。

4.1.1.5 按企业性质划分

在 309 家上市公司中，国有企业上市公司共有 131 家。国有企业上市公司在第一、第二、第三产业（《国民经济行业分类》）都有涉及。从事第一产业经营活动的有两家上市公司，分别为农发种业和中水渔业。从事第二产业中采矿业、制造业、电力热力燃气及水生产和供应业、建筑业的国企上市公司共76家，占北京全部国企上市公司的60%。其余上市公司从事第三产业中零售业、运输物流、餐饮酒店、软件信息服务、科学研究等行业，共53家。

与国企上市公司相比，北京市非国企上市公司共178家。从事第二产业共81家上市公司；第三产业共有97家上市公司。其中经营通信与计算机服务的企业多达49家，占北京市非国企上市公司的27%，占北京非国企上市企业从事第三产业企业的51%。与国企上市公司不同，北京市上市公司中7家做环保工程的企业都是非国有上市公司，这是一个新的发展方向。

4.1.2 北京市上市公司国际化业务发展概况

在“走出去”“一带一路”“中国制造2025”等的指引下，中国企业正迈开国际化的脚步，积极迎接国际化带来的机遇与挑战。在当前的国际环境下，我国企业应该采取相关措施积极实施国际化战略。我国企业的品牌国际化已经具备了合适的外部环境以及充分的自身发展条件，且具有相当大的发展潜力。推动我国品牌国际化的发展，一方面可以满足我国国民经济持续稳定的发展需要；另一方面可以使我国企业实现在全球竞争舞台上的互利共赢，促进我国经济的发展。

据统计，北京市309家上市公司中，具有国际化收入或国际化业务的企业共137家。由北京市国有上市公司67家和非国有上市公司70家构成。行业涉及农业、渔业、采矿业、制造业、电力热力及水生产和供应业、水利环境和公共设施管理业、建筑业、交通运输仓储和邮政业、信息传播软件和信息技术服务业、金融业、房地产业、租赁和商业服务业、科学研究和技术服务业、批发和零售业、住宿和餐饮业、教育、卫生、文体娱乐业等多个领域。

衡量国际化业务发展状况最直接的体现便是企业海外市场经营情况。而海外的经营情况又可以通过财务报表体现出来。下面针对企业海外市场的经营状况根据上市公司的海外营业额以及海外营业额占企业总营业额的占比，对北京市上市企业的国际化业务发展情况进行说明。

4.1.2.1 海外市场营业收入情况

按企业海外营业额排名，前五名分别是：中国石油海外年营业收入7 213.74亿元；中国交建海外年营业收入1 176.27亿元；工商银行海外年营业收入1 057.34亿元；中国建筑海外年营业收入850.05亿元；中国国航海外年营业收入428.34亿元。海外营业收入前15名的公司全部为国有上市公司，第16名为非国企上市公司三一重工，海外营业额为116.18亿元（数据截止至2017/12/31或2017/6/30）。在按照企业的海外收入排名的前20名中，国企上市公司占到了19家，非国企上市公司仅为1家。具体国际化业务发展状况见表4-1。

表4-1 北京市上市公司国际化发展状况（按海外收入降序排名前20名）

企业类型	股票代码	公司名称	行业	国际化	海外收入（单位：万元）	统计时间
国企	SH601857	中国石油	石油矿业开采	有	72 137 400	20171231
国企	SH601800	中国交建	建筑装饰	有	11 762 700	20171231
国企	SH601398	工商银行	银行	有	10 573 400	20171231
国企	SH601668	中国建筑	建筑装饰	有	8 500 500	20171231
国企	SH601111	中国国航	机场航运	有	4 283 400	20171231
国企	SH601390	中国中铁	建筑装饰	有	4 168 100	20171231
国企	SH601186	中国铁建	建筑装饰	有	3 797 700	20171231
国企	SH601288	农业银行	银行	有	3 583 600	20171231
国企	SH601669	中国电建	建筑装饰	有	2 954 600	20170630
国企	SH601939	建设银行	银行	有	2 383 600	20171231
国企	SH601988	中国银行	银行	有	2 254 200	20171231
国企	SZ000725	京东方A	光学光电子	有	2 037 500	20170630
国企	SH601766	中国中车	非汽车交运	有	1 922 000	20171231
国企	SH601618	中国中冶	建筑装饰	有	1 584 200	20171231
国企	SH600871	*ST油服	采掘服务	有	1 293 700	20171231
非国企	SH600031	三一重工	专用设备	有	1 161 800	20171231
国企	SH600166	福田汽车	汽车整车	有	1 099 200	20171231
国企	SZ002051	中工国际	建筑装饰	有	1 034 800	20171231
国企	SH600011	华能国际	电力	有	997 500	20171231
国企	SH600299	安迪苏	生物制品	有	924 500	20171231

4.1.2.2 海外市场收入在总营业收入的占比状况

如表 4-2 所示，按企业国际化业务收入占本公司总收入占比排名，前五位分别是：中工国际，海外收入 103.48 亿元，占总营业收入 94.87%；信威集团，海外收入 27.30 亿元，占营业总收入 91.40%；国投中鲁，海外收入 8.64 亿元，占总营业收入 89.64%；安迪苏，海外收入 92.45 亿元，占总营业收入 88.89%；中矿资源，海外收入 4.68 亿元，占总营业收入 87.53%。

按占比排名，前 20 家北京市上市公司中非国企占据 12 家，超过国企数量。前 50 家上市公司排名中国企 25 家，非国企 25 家；前 100 名中，国企 49 家，非国企 51 家（数据截止至 2017/12/31 或 2017/6/30）。

表 4-2 北京市上市公司国际化发展状况（按海外收入占总营业额降序排序前 20 名）

企业类型	股票代码	公司名称	行业	海外收入（单位：万元）	收入占比	统计时间
国企	SZ002051	中工国际	建筑装饰	1 034 800	94.87%	20171231
非国企	SH600485	信威集团	通信设备	273 000	91.40%	20161231
国企	SH600962	国投中鲁	饮料制造	86 400	89.64%	20171231
国企	SH600299	安迪苏	生物制品	924 500	88.89%	20171231
非国企	SZ002738	中矿资源	采掘服务	46 800	87.53%	20171231
非国企	SH603986	兆易创新	半导体及元件	173 600	85.57%	20171231
非国企	SZ300684	中石科技	化学制品	43 100	75.47%	20171231
非国企	SZ002271	东方雨虹	建筑材料	309 200	71.73%	20170630
非国企	SZ300661	圣邦股份	半导体及元件	15 100	67.11%	20170630
国企	SH601858	中国科传	传媒	45 600	57.35%	20170630
非国企	SZ300038	梅泰诺	计算机应用	155 600	56.56%	20171231
非国企	SZ002554	惠博普	采掘服务	48 000	56.18%	20170630
非国企	SZ002649	博彦科技	计算机应用	124 400	55.97%	20171231
非国企	SZ300456	耐威科技	国防军工	15 700	55.69%	20170630
国企	SZ000725	京东方 A	光学光电子	2 037 500	51.73%	20170630
非国企	SZ300496	中科创达	计算机应用	23 500	50.34%	20170630

续表

企业类型	股票代码	公司名称	行业	海外收入（单位：万元）	收入占比	统计时间
非国企	SZ002467	二六三	通信服务	20 900	50.34%	20170630
国企	SZ000970	中科三环	新材料	172 600	44.66%	20171231
国企	SZ000758	中色股份	有色冶炼加工	415 800	41.49%	20170630
国企	SZ300523	辰安科技	计算机应用	24 000	38.05%	20171231

综上，我们可以得出以下结论：

（1）北京市企业国际化发展尚处在起步阶段。北京 309 家上市公司中，具有国际化收入或国际化业务的企业只有 137 家。北京市目前大多数企业的经营重点还在国内，尚未转到世界范围。

（2）在北京市企业国家化业务的 137 家企业中，国有企业与非国有企业占比大致均衡，但其经营状况的差距还比较大。在按照企业的海外收入排名的前 20 名中，国企上市公司占到了 19 家，非国企上市公司仅为 1 家。由此可见，北京地区上市公司海外盈利能力较强的企业还是以国有企业为主，非国有企业上市公司的海外盈利能力具有较大的发展空间。

4.1.3　北京市上市公司品牌国际化业务发展概况

随着世界进入品牌经济时代，全球间的竞争越来越激烈，更多地表现在全球品牌之间的竞争。随着“走出去”步伐的加速，中国品牌如何“站稳脚跟”正在成为中国企业要深入思考的问题。品牌国际化是我国企业在全球价值链中向上拓展的必经之路，也是企业增加产品价值，提升东道国经营的稳定程度，降低企业经营风险，获取长期竞争优势的重要手段。

据相关数据显示，在北京市具有国际化业务的 137 家上市公司中，有 50 家公司将品牌发展作为企业的竞争优势，占比 36.5%；有 27 家公司将品牌发展纳入企业新一年度的发展战略，占比 20%，未将品牌作为企业国际化发展要素的上市公司有 60 家，占比 44%。由此可见，我国企业的品牌国际化进程正处于一个高速发展的阶段。

本次针对北京上市公司的品牌国际化发展的调研数据主要来源于上市公司2016—2017年企业年报以及北京上市公司协会等相关网站。下面将北京市上市公司按照国企与非国企、公司规模、品牌价值几方面具体阐述北京市上市公司的品牌发展状况。

4.1.3.1 国企与非国企

在上述的137家具有国际化业务的上市公司中，国企67家，非国企70家。根据编码分析结果，在67家国有企业上市公司中，有41家公司将品牌效应列为企业发展过程中的竞争优势，占国企61%；有14家公司将品牌发展提升到公司下一年度发展的战略层面，占国企21%；未将品牌发展列入企业年报的公司有25家，占比37%。在70家非国有企业上市公司中，有31家公司将品牌效应列为企业发展过程中的竞争优势，占非国企总数44%；有13家公司将品牌发展提升到公司下一年度发展的战略层面，占比19%；未将品牌发展列入企业年报的公司有35家，占比50%。所有企业均有其各自的品牌，有的企业拥有多品牌发展的趋势，甚至旗下子公司也拥有其他品牌。有的企业品牌已经进入国际化市场，品牌发展不再作为公司战略层面发展。还有一些企业急需拓展品牌国际知名度，将品牌纳入企业新一年度发展战略中。

国企品牌发展状况见表4-3。

表4-3 北京市上市国企品牌国际化发展状况

企业类型	股票代码	企业名称	行业	品牌
国企	SH601111	中国国航	机场航运	发展战略
国企	SH601390	中国中铁	建筑装饰	发展战略
国企	SH600299	安迪苏	生物制品	发展战略
国企	SH600056	中国医药	医药商业	发展战略
国企	SH601992	金隅集团	建筑材料	发展战略
国企	SH601818	光大银行	银行	发展战略
国企	SH600085	同仁堂	中药	发展战略
国企	SH600206	有研新材	半导体及元件	发展战略
国企	SZ000786	北新建材	建筑材料	发展战略

续表

企业类型	股票代码	企业名称	行业	品牌
国企	SH600138	中青旅	景点及旅游	发展战略
国企	SH600055	万东医疗	医疗器械服务	发展战略
国企	SH603000	人民网	通信服务	发展战略
国企	SH603888	新华网	通信服务	发展战略
国企	SH603060	国检集团	建筑装饰	发展战略
国企	SH601398	工商银行	银行	竞争优势
国企	SH601669	中国电建	建筑装饰	竞争优势
国企	SH601766	中国中车	非汽车交运	竞争优势
国企	SH601618	中国中冶	建筑装饰	竞争优势
国企	SH600166	福田汽车	汽车整车	竞争优势
国企	SH600011	华能国际	电力	竞争优势
国企	SH601998	中信银行	银行	竞争优势
国企	SZ000959	首钢股份	钢铁	竞争优势
国企	SZ000758	中色股份	有色冶炼加工	竞争优势
国企	SH600008	首创股份	燃气水务	竞争优势
国企	SH600058	五矿发展	贸易	竞争优势
国企	SZ000969	安泰科技	新材料	竞争优势
国企	SZ000938	紫光股份	计算机设备	竞争优势
国企	SH600962	国投中鲁	饮料制造	竞争优势
国企	SH601858	中国科传	传媒	竞争优势
国企	SH600860	京城股份	通用设备	竞争优势
国企	SH601881	中国银河	证券	竞争优势
国企	SH600195	中牧股份	农业服务	竞争优势
国企	SH600536	中国软件	计算机应用	竞争优势
国企	SH600980	北矿科技	专用设备	竞争优势
国企	SH600429	三元股份	食品加工制造	竞争优势
国企	SH600161	天坛生物	生物制品	竞争优势
国企	SZ300212	易华录	计算机应用	竞争优势
国企	SZ000151	中成股份	贸易	竞争优势

续表

企业类型	股票代码	企业名称	行业	品牌
国企	SH601226	华电重工	建筑装饰	竞争优势
国企	SZ002819	东方中科	仪器仪表	竞争优势
国企	SH600730	中国高科	综合	竞争优势
国企	SH601888	中国国旅	景点及旅游	竞争优势
国企	SH601857	中国石油	石油矿业开采	未提及
国企	SH601800	中国交建	建筑装饰	未提及
国企	SH601668	中国建筑	建筑装饰	未提及
国企	SH601186	中国铁建	建筑装饰	未提及
国企	SH601288	农业银行	银行	未提及
国企	SH601939	建设银行	银行	未提及
国企	SH601988	中国银行	银行	未提及
国企	SZ000725	京东方 A	光学光电子	未提及
国企	SH600871	* ST 油服	采掘服务	未提及
国企	SZ002051	中工国际	建筑装饰	未提及
国企	SH601600	中国铝业	有色冶炼加工	未提及
国企	SH601117	中国化学	建筑装饰	未提及
国企	SZ000065	北方国际	建筑装饰	未提及
国企	SZ000970	中科三环	新材料	未提及
国企	SZ000666	经纬纺机	保险及其他	未提及
国企	SZ300073	当升科技	化学制品	未提及
国企	SH601898	中煤能源	煤炭开采	未提及
国企	SZ300523	辰安科技	计算机应用	未提及
国企	SZ000798	中水渔业	养殖业	未提及
国企	SZ002038	双鹭药业	生物制品	未提及
国企	SH600372	中航电子	国防军工	未提及
国企	SZ002066	瑞泰科技	建筑材料	未提及
国企	SH600313	农发种业	农业服务	未提及
国企	SH600855	航天长峰	计算机设备	未提及
国企	SH600028	中国石化	基础化学	未提及

非国企品牌发展状况见表4-4。

表4-4 北京市上市非国企品牌国际化发展状况

企业类型	股票代码	企业名称	行业	品牌
非国企	SH601886	江河集团	建筑装饰	发展战略
非国企	SZ002271	东方雨虹	建筑材料	发展战略
非国企	SZ300058	蓝色光标	传媒	发展战略
非国企	SZ002612	朗姿股份	服装家纺	发展战略
非国企	SH603871	嘉友国际	物流	发展战略
非国企	SH601126	四方股份	电气设备	发展战略
非国企	SZ300445	康斯特	仪器仪表	发展战略
非国企	SZ002658	雪迪龙	环保工程	发展战略
非国企	SZ002721	金一文化	家用轻工	发展战略
非国企	SZ300406	九强生物	生物制品	发展战略
非国企	SZ002659	凯文教育	传媒	发展战略
非国企	SZ300048	合康新能	电气设备	发展战略
非国企	SZ002878	元隆雅图	传媒	发展战略
非国企	SH600031	三一重工	专用设备	竞争优势
非国企	SZ002739	万达电影	传媒	竞争优势
非国企	SH600410	华胜天成	计算机应用	竞争优势
非国企	SZ002151	北斗星通	国防军工	竞争优势
非国企	SH603569	长久物流	物流	竞争优势
非国企	SZ300282	汇冠股份	计算机应用	竞争优势
非国企	SH600405	动力源	电气设备	竞争优势
非国企	SZ300661	圣邦股份	半导体及元件	竞争优势
非国企	SH603970	中农立华	贸易	竞争优势
非国企	SZ002153	石基信息	计算机应用	竞争优势
非国企	SH603588	高能环境	环保工程	竞争优势
非国企	SH600588	用友网络	计算机应用	竞争优势
非国企	SH603098	森特股份	建筑装饰	竞争优势
非国企	SZ002362	汉王科技	计算机应用	竞争优势

续表

企业类型	股票代码	企业名称	行业	品牌
非国企	SZ300472	新元科技	专用设备	竞争优势
非国企	SZ300065	海兰信	计算机设备	竞争优势
非国企	SZ300662	科锐国际	传媒	竞争优势
非国企	SZ002350	北京科锐	电气设备	竞争优势
非国企	SZ300430	诚益通	通用设备	竞争优势
非国企	SH603818	曲美家居	家用轻工	竞争优势
非国企	SZ300332	天壕环境	燃气水务	竞争优势
非国企	SZ000008	神州高铁	非汽车交运	竞争优势
非国企	SH600485	信威集团	通信设备	未提及
非国企	SZ300296	利亚德	光学光电子	未提及
非国企	SH603986	兆易创新	半导体及元件	未提及
非国企	SZ300038	梅泰诺	计算机应用	未提及
非国企	SZ002649	博彦科技	计算机应用	未提及
非国企	SH603979	金诚信	采掘服务	未提及
非国企	SZ002554	惠博普	采掘服务	未提及
非国企	SZ002738	中矿资源	采掘服务	未提及
非国企	SZ002707	众信旅游	景点及旅游	未提及
非国企	SZ300684	中石科技	化学制品	未提及
非国企	SZ300003	乐普医疗	医疗器械服务	未提及
非国企	SZ002383	合众思壮	计算机设备	未提及
非国企	SZ300496	中科创达	计算机应用	未提及
非国企	SZ002467	二六三	通信服务	未提及
非国企	SZ300309	吉艾科技	专用设备	未提及
非国企	SZ300456	耐威科技	国防军工	未提及
非国企	SH603803	瑞斯康达	通信设备	未提及
非国企	SZ002410	广联达	计算机应用	未提及
非国企	SZ300157	恒泰艾普	采掘服务	未提及
非国企	SZ002392	北京利尔	建筑材料	未提及

续表

企业类型	股票代码	企业名称	行业	品牌
非国企	SZ300353	东土科技	通信设备	未提及
非国企	SZ300593	新雷能	电气设备	未提及
非国企	SZ002701	奥瑞金	包装印刷	未提及
非国企	SZ002148	北纬科技	传媒	未提及
非国企	SZ300444	双杰电气	电气设备	未提及
非国企	SH603603	博天环境	环保工程	未提及
非国企	SH603516	淳中科技	计算机设备	未提及
非国企	SH603127	昭衍新药	医疗器械服务	未提及
非国企	SZ002599	盛通股份	包装印刷	未提及
非国企	SZ300150	世纪瑞尔	计算机应用	未提及
非国企	SH603859	能科股份	电气设备	未提及
非国企	SZ002542	中化岩土	建筑装饰	未提及
非国企	SZ300072	三聚环保	化学制品	未提及
非国企	SZ300719	安达维尔	国防军工	未提及
非国企	SZ300370	安控科技	采掘服务	未提及

对北京市上市公司的国企与非国企的品牌国际化情况进行比较，我们不难得出一个结论：国有企业更注重品牌的国际化发展，国企将品牌纳为企业发展战略的占比高于非国企。这也导致两种企业品牌国际化推广路径的选择不同。其具体原因如下。

（1）大型国有企业在某些行业具有垄断性。部分大型国企具有垄断性质，客户群体较多。以国有四大银行为例，早在几年前四大行用户累计突破 10 亿，加之中国许多企业的工资卡、驾照牡丹卡等卡种都归国有四大行管理，以至于中国绝大多数人都有四大银行的开户记录。根据路径依赖理论，在银行存储利率相差不大的情况下，办一张新的商业银行卡所付出的成本远高于使用原有银行卡。中国民众的高储蓄存量使四大行在资产管理中获得较高的投资回报。基于这些高昂收入与海外华侨华人的使用与推广，中国四大行凭借其较优的服务获得大批海外用户。通过对企业的认知度增加，伴随口碑效应，四大行的品牌形象被树立起来，品牌得以推广至国际。随着近几年品牌的理论发展在国内兴起，部分较新的企业树立品牌意识，推动品牌国际化发展。由此，解释了为什么非国企或者新兴企业会在企业中设立品牌管理部门，而多数国有企业并没有品牌管理部门。与此同时，非国企会规划选择企业的品牌国际化发展路径，对目标市场的选择需要做出十分详细的调查与计划。

（2）国外消费者心理的不同。在选择同类的企业时，对企业的熟悉度会影响消费者对企业的选择。在国企上市公司的品牌国际化发展历程中，国企作为中国国有企业，与非国有企业相比具有一定的权威性、可靠性，因为国企是以国家为支撑进行发展，更容易获得消费者的信任。许多目标市场消费者或用户对中国普通企业的认知度并不高，但是对中国国家“China”这个词却是熟知的。根据《企业名称禁限用规则》中的相关规定，民营企业名称不得冠以“中国”“中华”“国家”“全国”“国际”等字眼。然而中国的国有企业命名中多数都带有这些字眼，例如：“中国工商银行（Industrial And Commercial Bank Of China，简称 ICBC）”“中国银行（Bank Of China）”“中国医药（China National Pharmaceutical Group）”等。国外消费者在对中国企业的认知度低的情况下，通常会选择中国国有企业，这点与非国有企业相比也是一种竞争优势。

（3）北京市国有上市公司具有政策优势。现如今，我国经济步入新常态，世界经济格局也进入调整阶段。我国国有企业的经济效益达到了新的高度，但同时也面临着全球的激烈竞争以及转型时的巨大困难。在新的历史节点，中国坚持发展中国特色社会主义，巩固党的执政地位的高度，强调“坚持党对国有企业的领导是重大的政治原则，必须持之以恒”，明确国有企业党组织发挥的领导核心以及政治核心的作用，也对国有企业政治性与经济性的结合提出了更高的要求。

北京市上市国有企业吸收借鉴西方优秀企业的长处，舍其缺点。从中国国有企业的经营实践来看，能够弥补董事会运作的不足，强化对经理层的监督，凝聚职工力量。北京市具有较强的地理优势，在党领导的辐射范围中心，北京市国有上市公司是第一批接受党先进思想发展的企业，为中国非国有企业做出了良好表率。遵循“走出去”、“一带一路”、“中国制造2025”以及“京津冀协同一体化发展”，积极拓展国际市场，为中国企业形象作出了不可估量的贡献。

4.1.3.2 公司规模

北京市上市公司的规模划分主要根据股票市场的上市板块进行划分。根据股票代码，本书将公司规模划分为两类：第一类是股票代码002开头的中小板上市公司和300开头的创业板二板市场上市的公司，在中小板及创业板上市的公司多数为中小型公司、创业公司、高新技术企业型公司，这类公司往往总体规模较小，但成长空间较大；第二类为在上海证券交易所和深圳证券交易所主板上市的公司，这类上市公司往往经营状况良好，生产规模庞大，企业基础较佳，具有一定的市场份额与市场竞争力。北京市上市公司中，在创业板与中小板上市的公司共计56家（股票代码以300和002开头），沪深两市主板上市公司81家（股票代码以600和000开头），其中21家企业将品牌列为国际化发展过程中的竞争优势，占比37.5%；10家企业将品牌发展与品牌形象的树立上升到企业战略层面，占比18%；32家企业未在企业年报中提及品牌的发展方向与发展路径，占比57%。而且中小型企业多数为非国有企业，56家企业中，非国企占到49家，国企7家。

北京市大型企业品牌国际化发展状况见表4-5。

表4-5 北京市大型企业品牌国际化发展状况

企业类型	股票代码	企业名称	行业	品牌
国企	SH600055	万东医疗	医疗器械服务	发展战略
国企	SH600056	中国医药	医药商业	发展战略
国企	SH600085	同仁堂	中药	发展战略
国企	SH600138	中青旅	景点及旅游	发展战略
国企	SH600206	有研新材	半导体及元件	发展战略
国企	SH600299	安迪苏	生物制品	发展战略
国企	SH601111	中国国航	机场航运	发展战略
非国企	SH601126	四方股份	电气设备	发展战略

续表

企业类型	股票代码	企业名称	行业	品牌
国企	SH601390	中国中铁	建筑装饰	发展战略
国企	SH601818	光大银行	银行	发展战略
非国企	SH601886	江河集团	建筑装饰	发展战略
国企	SH601992	金隅集团	建筑材料	发展战略
国企	SH603000	人民网	通信服务	发展战略
国企	SH603060	国检集团	建筑装饰	发展战略
非国企	SH603871	嘉友国际	物流	发展战略
国企	SH603888	新华网	通信服务	发展战略
国企	SZ000786	北新建材	建筑材料	发展战略
国企	SH600008	首创股份	燃气水务	竞争优势
国企	SH600011	华能国际	电力	竞争优势
非国企	SH600031	三一重工	专用设备	竞争优势
国企	SH600058	五矿发展	贸易	竞争优势
国企	SH600161	天坛生物	生物制品	竞争优势
国企	SH600166	福田汽车	汽车整车	竞争优势
国企	SH600195	中牧股份	农业服务	竞争优势
非国企	SH600405	动力源	电气设备	竞争优势
非国企	SH600410	华胜天成	计算机应用	竞争优势
国企	SH600429	三元股份	食品加工制造	竞争优势
国企	SH600536	中国软件	计算机应用	竞争优势
非国企	SH600588	用友网络	计算机应用	竞争优势
国企	SH600730	中国高科	综合	竞争优势
国企	SH600860	京城股份	通用设备	竞争优势
国企	SH600962	国投中鲁	饮料制造	竞争优势
国企	SH600980	北矿科技	专用设备	竞争优势
国企	SH601226	华电重工	建筑装饰	竞争优势
国企	SH601398	工商银行	银行	竞争优势
国企	SH601618	中国中冶	建筑装饰	竞争优势

续表

企业类型	股票代码	企业名称	行业	品牌
国企	SH601669	中国电建	建筑装饰	竞争优势
国企	SH601766	中国中车	非汽车交运	竞争优势
国企	SH601858	中国科传	传媒	竞争优势
国企	SH601881	中国银河	证券	竞争优势
国企	SH601888	中国国旅	景点及旅游	竞争优势
国企	SH601998	中信银行	银行	竞争优势
非国企	SH603098	森特股份	建筑装饰	竞争优势
非国企	SH603569	长久物流	物流	竞争优势
非国企	SH603588	高能环境	环保工程	竞争优势
非国企	SH603818	曲美家居	家用轻工	竞争优势
非国企	SH603970	中农立华	贸易	竞争优势
非国企	SZ000008	神州高铁	非汽车交运	竞争优势
国企	SZ000151	中成股份	贸易	竞争优势
国企	SZ000758	中色股份	有色冶炼加工	竞争优势
国企	SZ000938	紫光股份	计算机设备	竞争优势
国企	SZ000959	首钢股份	钢铁	竞争优势
国企	SZ000969	安泰科技	新材料	竞争优势
国企	SH600028	中国石化	基础化学	未提及
国企	SH600313	农发种业	农业服务	未提及
国企	SH600372	中航电子	国防军工	未提及
非国企	SH600485	信威集团	通信设备	未提及
国企	SH600855	航天长峰	计算机设备	未提及
国企	SH600871	* ST 油服	采掘服务	未提及
国企	SH601117	中国化学	建筑装饰	未提及
国企	SH601186	中国铁建	建筑装饰	未提及
国企	SH601288	农业银行	银行	未提及
国企	SH601600	中国铝业	有色冶炼加工	未提及
国企	SH601668	中国建筑	建筑装饰	未提及

续表

企业类型	股票代码	企业名称	行业	品牌
国企	SH601800	中国交建	建筑装饰	未提及
国企	SH601857	中国石油	石油矿业开采	未提及
国企	SH601898	中煤能源	煤炭开采	未提及
国企	SH601939	建设银行	银行	未提及
国企	SH601988	中国银行	银行	未提及
非国企	SH603127	昭衍新药	医疗器械服务	未提及
非国企	SH603516	淳中科技	计算机设备	未提及
非国企	SH603603	博天环境	环保工程	未提及
非国企	SH603803	瑞斯康达	通信设备	未提及
非国企	SH603859	能科股份	电气设备	未提及
非国企	SH603979	金诚信	采掘服务	未提及
非国企	SH603986	兆易创新	半导体及元件	未提及
国企	SZ000065	北方国际	建筑装饰	未提及
国企	SZ000666	经纬纺机	保险及其他	未提及
国企	SZ000725	京东方 A	光学光电子	未提及
国企	SZ000798	中水渔业	养殖业	未提及
国企	SZ000970	中科三环	新材料	未提及

中小企业品牌国际化发展状况见表 4-6。

表 4-6　中小规模企业品牌国际化发展状况

企业类型	股票代码	企业名称	行业	品牌
非国企	SZ002271	东方雨虹	建筑材料	发展战略
非国企	SZ002612	朗姿股份	服装家纺	发展战略
非国企	SZ002658	雪迪龙	环保工程	发展战略
非国企	SZ002659	凯文教育	传媒	发展战略
非国企	SZ002721	金一文化	家用轻工	发展战略
非国企	SZ002878	元隆雅图	传媒	发展战略
非国企	SZ300048	合康新能	电气设备	发展战略

续表

企业类型	股票代码	企业名称	行业	品牌
非国企	SZ300058	蓝色光标	传媒	发展战略
非国企	SZ300406	九强生物	生物制品	发展战略
非国企	SZ300445	康斯特	仪器仪表	发展战略
非国企	SZ002151	北斗星通	国防军工	竞争优势
非国企	SZ002153	石基信息	计算机应用	竞争优势
非国企	SZ002350	北京科锐	电气设备	竞争优势
非国企	SZ002362	汉王科技	计算机应用	竞争优势
非国企	SZ002739	万达电影	传媒	竞争优势
国企	SZ002819	东方中科	仪器仪表	竞争优势
非国企	SZ300065	海兰信	计算机设备	竞争优势
国企	SZ300212	易华录	计算机应用	竞争优势
非国企	SZ300282	汇冠股份	计算机应用	竞争优势
非国企	SZ300332	天壕环境	燃气水务	竞争优势
非国企	SZ300430	诚益通	通用设备	竞争优势
非国企	SZ300472	新元科技	专用设备	竞争优势
非国企	SZ300661	圣邦股份	半导体及元件	竞争优势
非国企	SZ300662	科锐国际	传媒	竞争优势
国企	SZ002038	双鹭药业	生物制品	未提及
国企	SZ002051	中工国际	建筑装饰	未提及
国企	SZ002066	瑞泰科技	建筑材料	未提及
非国企	SZ002148	北纬科技	传媒	未提及
非国企	SZ002383	合众思壮	计算机设备	未提及
非国企	SZ002392	北京利尔	建筑材料	未提及
非国企	SZ002410	广联达	计算机应用	未提及
非国企	SZ002467	二六三	通信服务	未提及
非国企	SZ002542	中化岩土	建筑装饰	未提及
非国企	SZ002554	惠博普	采掘服务	未提及
非国企	SZ002599	盛通股份	包装印刷	未提及

续表

企业类型	股票代码	企业名称	行业	品牌
非国企	SZ002649	博彦科技	计算机应用	未提及
非国企	SZ002701	奥瑞金	包装印刷	未提及
非国企	SZ002707	众信旅游	景点及旅游	未提及
非国企	SZ002738	中矿资源	采掘服务	未提及
非国企	SZ300003	乐普医疗	医疗器械服务	未提及
非国企	SZ300038	梅泰诺	计算机应用	未提及
非国企	SZ300072	三聚环保	化学制品	未提及
国企	SZ300073	当升科技	化学制品	未提及
非国企	SZ300150	世纪瑞尔	计算机应用	未提及
非国企	SZ300157	恒泰艾普	采掘服务	未提及
非国企	SZ300296	利亚德	光学光电子	未提及
非国企	SZ300309	吉艾科技	专用设备	未提及
非国企	SZ300353	东土科技	通信设备	未提及
非国企	SZ300370	安控科技	采掘服务	未提及
非国企	SZ300444	双杰电气	电气设备	未提及
非国企	SZ300456	耐威科技	国防军工	未提及
非国企	SZ300496	中科创达	计算机应用	未提及
国企	SZ300523	辰安科技	计算机应用	未提及
非国企	SZ300593	新雷能	电气设备	未提及
非国企	SZ300684	中石科技	化学制品	未提及
非国企	SZ300719	安达维尔	国防军工	未提及

依据上述企业规模的分类，分析北京市上市公司品牌国际化的情况。大型企业共计81家，占北京市国际化上市公司的59%，其中包括60家国企与21家非国企。这81家企业中有51家企业在国际化发展过程中将品牌发展作为企业的竞争优势，占比63%；有17家企业将品牌的发展列入公司的发展战略中。未在企业年报中提及品牌建设与发展的企业28家，占比35%。鉴于大企业抗风险能力较强，对品牌的长期建设有一定的经济基础与融资能力。对

大型企业的品牌国际化研究有助于为中小企业的国际化发展提供先进的经验，有利于中国企业在国际市场的长久发展。

由此可以看出，北京市上市公司规模对公司的品牌国际化路径选择有较大的影响。大型上市企业由中小企业发展而成，经过多年的沉淀，目标市场稳定，具有良好的扩张基础，品牌发展意识更加强烈，有更多的品牌国际化路径选择，竞争优势更加明显。对比之下，中小企业由于发展时间较短，经验积累不足，经济基础不牢固，导致品牌国际化发展面临更多的风险。因此，北京市大型上市公司与中小型上市公司的品牌发展存在较为明显的差距。其具体原因如下。

（1）大型企业具有多年的经营管理经验与成熟的国际化运营模式。北京市大型上市公司多数成立于20世纪八九十年代，甚至部分企业可以追溯到50年代。这些大型企业经历过国家制度的变革，经历过市场的开放，经历过国际化发展浪潮。针对各类企业经营活动过程的管理经验较为丰富，大型企业具有成熟的企业运营模式。

在企业多年的发展历程中，企业基础逐渐完善，经济实力不断增强，国内市场发展情况逐渐稳定。企业具备了向国际市场扩张的能力，根据企业自身的发展需求选定相应的目标市场。能源型企业多数根据原材料所在地进行海外扩张，将品牌引入原材料所在市场；制造业企业多数选择与亚非及拉丁美洲等国家和地区为国际化发展路径，这类经济欠发达地区市场具有较大的发展空间；高新技术企业部分会选择进入经济欠发达国家和地区迅速占有市场，或者进入经济发达国家和地区与世界一流公司竞争，推动企业的品牌国际化发展。凭借企业多年的管理运营经验，结合目标市场发展状况制定出属于中国企业国际化发展的独特道路。

（2）大型企业具较强的经济实力使其拥有更强的抗风险能力。品牌的国际化发展是一个长期的发展战略，并不是一朝一夕就能被消费者感知。北京市大型上市企业的经济基础较为雄厚，在海外市场的开发方面与中小上市公司相比，具有更强的抗风险能力。在北京企业的国际化发展进程中，大型企业由于国内市场或某一国际市场发展完善，经济基础雄厚，在对新的国际市场开发中可以运用品牌的战略管理进行长期的规划，然而中小企业由于融资不足，经济基础薄弱等因素，企业需要资金迅速“回笼”，无法做出大型企业的长期品牌规划。多数中小新企业选择先发展企业产品销售、服务质量等，在确保企业的正常发展下缓慢推进品牌的国际化发展。部分中小企业只关注企业眼前的利益而忽略企业品牌的价值而因小失大，对企业长久发展以及品牌的发展较为不利。

同时，中国证监会就此开设中小板与创业板，不同于沪深两市的主板市场，二板市场的中小企业的融资限制更少，发展空间更大。国家以这种股市制度降低中小企业的融资成本，促进中小企业的成长，推动企业的长远发展。

4.1.3.3 全球品牌价值排行榜

Brand Finance 2018 年全球品牌价值排行榜前 100 名于 2018 年 2 月 1 日发布，如表 4-7 所示，排名前 100 名的中国品牌有 22 个，其品牌来源于北京上市公司的共有 7 个，分别是中国工商银行、中国建设银行、中国银行、中国农业银行、中国石油天然气股份有限公司、中国建筑工程总公司及中国石化，均为国有上市公司。只有中国石化相比 2017 年品牌价值呈现负增长。中国石化与中国石油天然气股份有限公司排名有所下滑；中国建设银行、中国银行、中国农业银行、中国建筑工程总公司企业品牌价值均呈现正增长，排名相比 2017 年有所增长，中国建筑工程总公司与中国银行向上增长 10 名；中国工商银行 2017 年与 2018 年保持一致，全球品牌价值排名第 10 名。

表 4-7 2018 Brand Finance 全球品牌价值排名前 100 名中北京上市公司品牌

2018 排名	2017 排名	品牌名	品牌价值（百万美元）2018	（%）change	品牌价值（百万美元）2017
10	10	中国工商银行	59 189	24%	47 832
11	14	中国建设银行	56 789	37%	41 377
18	28	中国银行	41 750	34%	31 250
26	33	中国农业银行	37 321	31%	28 511
35	32	中国石油天然气股份有限公司	31 177	7%	29 003
44	54	中国建筑工程总公司	24 981	19%	21 050
48	31	中国石化	23 640	-20%	29 555

通过以上对年度报表研究，发现7家企业均为国有上市公司。国有四大行（中农工建）在国际许多机构中获得多项国际大奖和“最佳品牌银行”等称号，但是四大行并未将企业品牌作为企业的竞争优势，也没有制定关于品牌国际化发展的相关战略。其中只有中国工商银行将企业口碑发展列入下一年度发展计划，口碑效应相比单纯的品牌发展具有更强的优势。中国石化、中国石油、中国建筑在新一年度的企业发展中也未提及企业的品牌国际化发展。

综上，我们可以得出结论：

（1）在当今新时代迅速发展的背景下，北京市企业品牌国际化的进程也不断加速前进，但与发达国家相比，我国的品牌国际化的发展与还存在着明显的差距。在2018 Brand Finance年全球品牌价值排行榜中我国排名前100名的品牌有22个，其中品牌来源于北京上市公司的有7个。

（2）我国企业品牌国际化总体来说还处于发展阶段，仍存在着许多不足。据相关数据显示，在北京市具有国际化业务的137家上市公司中，只有50家公司提出将品牌发展作为企业的竞争优势。我国绝大多数企业尚未意识到企业品牌国际化的重要性与必要性。

4.2 北京市上市公司品牌国际化深度分析

4.2.1 北京市上市公司品牌国际化进入路径分析

企业的品牌国际化发展与进入路径选择有关。品牌国际化路径选择的失误可能会使企业面临十分激烈的竞争，甚至受到其他企业的排挤，导致企业品牌难以传播给广大消费者，企业形象难以树立，甚至由于国际市场发展的不利而影响本土发展，成为国内市场发展的累赘。因此本书选取了海外收入占比超过10%的56家北京市上市公司进行调查分析，主要调查内容包括品牌国际化进程中的路径选择、成长方式和发展战略，调查概况如表4-8所示。

表 4-8 北京市上市企业品牌国际化调查概况

序号	企业	海外收入占比	进入路径	品牌成长方式	战略
1	中工国际	94.87%	下行国际化	沿用原有品牌	标准—本土化
2	信威集团	91.40%	下行国际化 上行国际化	沿用原有品牌	完全本土化
3	国投中鲁	89.64%	上行国际化	沿用原有品牌 收购当地品牌	标准—本土化
4	安迪苏	88.89%	上行国际化	沿用原有品牌 收购当地品牌	完全本土化
5	中矿资源	87.53%	下行国际化	沿用原有品牌	完全标准化
6	兆易创新	85.57%	上行国际化	沿用原有品牌	标准—本土化
7	中石科技	75.47%	上行国际化	沿用原有品牌	标准—本土化
8	东方雨虹	71.73%	上行国际化	沿用原有品牌 收购当地品牌	标准—本土化
9	圣邦股份	67.11%	上行国际化	沿用原有品牌 收购当地品牌	标准—本土化
10	中国科传	57.35%	上行国际化	沿用原有品牌	标准—本土化
11	梅泰诺	56.56%	上行国际化	沿用原有品牌 收购当地品牌	标准—本土化
12	惠博普	56.18%	平行国际化	沿用原有品牌 收购当地品牌	标准—本土化
13	博彦科技	55.97%	上行国际化	沿用原有品牌	标准—本土化
14	耐威科技	55.69%	上行国际化	沿用原有品牌 收购当地品牌	标准—本土化
15	京东方 A	51.73%	上行国际化	联合创牌 收购当地品牌	标准—本土化
16	中科创达	50.34%	平行国际化 上行国际化	联合创牌 收购当地品牌	完全本土化
17	二六三	50.34%	上行国际化	新建品牌	完全本土化
18	中科三环	44.66%	上行国际化	新建品牌/ 沿用原有品牌	标准—本土化

续表

序号	企业	海外收入占比	进入路径	品牌成长方式	战略
19	中色股份	41.49%	下行国际化	沿用原有品牌 联合创牌	标准—本土化
20	辰安科技	38.05%	平行国际化	沿用原有品牌	标准—本土化
21	康斯特	36.22%	上行国际化	新建品牌	完全本土化
22	中国国航	36.21%	平行国际化 上行国际化	沿用原有品牌	标准—本土化
23	中国石油	35.78%	平行国际化 进入发达国家	沿用原有品牌	完全标准化
24	中国化学	35.35%	平行国际化	沿用原有品牌	完全标准化
25	蓝色光标	35.33%	上行国际化	收购当地品牌	标准—本土化
26	朗姿股份	34.38%	上行国际化	新建品牌	完全本土化
27	北方国际	32.63%	下行国际化	沿用原有品牌	标准—本土化
28	安泰科技	31.30%	上行国际化	沿用原有品牌	标准—本土化
29	三一重工	30.85%	平行国际化 上行国际化	沿用原有品牌 收购当地品牌	完全本土化
30	京城股份	30.85%	上行国际化	沿用原有品牌	标准—本土化
31	中水渔业	30.45%	上行国际化	沿用原有品牌	完全本土化
32	金诚信	29.16%	下行国际化	沿用原有品牌	标准—本土化
33	江河集团	28.77%	平行国际化	收购当地品牌	标准—本土化
34	吉艾科技	27.67%	下行国际化 上行国际化	沿用原有品牌	标准—本土化
35	首创股份	27.59%	上行国际化	收购当地品牌	完全标准化
36	华胜天成	27.45%	上行国际化	收购当地品牌	标准—本土化
37	*ST 油服	27.19%	下行国际化	沿用原有品牌	完全标准化
38	利亚德	26.53%	上行国际化	沿用原有品牌	标准—本土化
39	中国电建	24.80%	下行国际化	沿用原有品牌 收购当地品牌	标准—本土化
40	中国交建	24.54%	下行国际化	沿用原有品牌 收购当地品牌	完全本土化

续表

序号	企业	海外收入占比	进入路径	品牌成长方式	战略
41	万达电影	24.51%	上行国际化	收购当地品牌	标准—本土化
42	中国医药	23.37%	平行国际化	沿用原有品牌	标准—本土化
43	当升科技	22.43%	平行国际化 上行国际化	沿用原有品牌	标准—本土化
44	汇冠股份	21.83%	上行国际化	沿用原有品牌	标准—本土化
45	福田汽车	21.26%	平行国际化 上行国际化	沿用原有品牌 联合创牌	标准—本土化
46	双鹭药业	18.27%	上行国际化	联合创牌	完全标准化
47	新元科技	17.77%	平行国际化	沿用原有品牌	完全标准化
48	北矿科技	17.34%	下行国际化 上行国际化	新建品牌	标准—本土化
49	海兰信	15.90%	平行国际化 上行国际化	收购当地品牌	完全本土化
50	有研新材	15.36%	上行国际化	收购当地品牌 联合创牌	完全标准化
51	合众思壮	14.61%	上行国际化	收购当地品牌	完全本土化
52	工商银行	14.55%	平行国际化 上行国际化	收购当地品牌	标准—本土化
53	动力源	13.74%	上行国际化	沿用原有品牌	标准—本土化
54	北斗星通	13.62%	上行国际化	收购当地品牌	标准—本土化
55	汉王科技	10.45%	上行国际化	新建品牌	标准—本土化
56	新雷能	10.34%	上行国际化	沿用原有品牌	完全标准化

通过调查，在这56家北京市上市企业品牌国际化发展路径选择上，企业主要选取以下三种路径进入他国市场：下行国际化，指企业进入欠发达国家；平行国际化，指企业进入中等发达国家；上行国际化，指企业进入发达国家。这56家企业的进入路径概况如图4-2所示，有31家企业选择了上行国际化路径，向发达国家市场进军，是这三种进入路径中占比最大的一种；有6家

企业选择了平行国际化路径；还有 8 家企业选择进入下行国际化路径，拓展欠发达国家市场。而在这 56 家企业中有 11 家企业并没有选择单一路径，而是选择了两种路径进入他国市场。

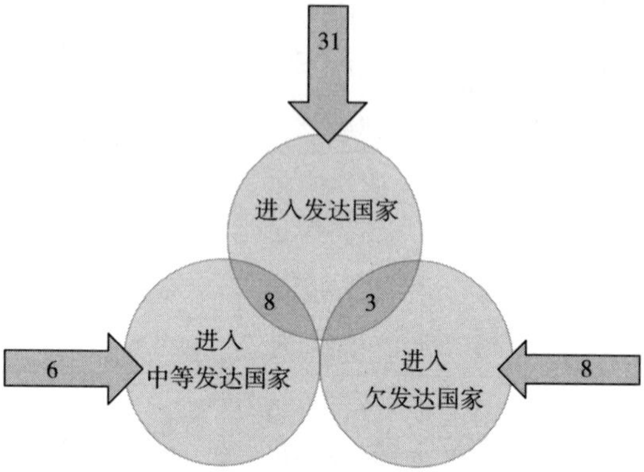

图 4-2　品牌国际化路径选择

4.2.1.1　**下行国际化的品牌国际化路径**

在这 56 家北京上市公司中，选择下行国际化品牌进入路径的是分布在三个行业的 8 家企业，它们分别是，建筑装饰行业的 4 家企业：中国电建、中国交建、中工国际和北方国际；采掘服务业的 3 家企业：*ST 油服、金诚信和中矿资源；有色冶炼加工行业的中色股份。这一路径下企业品牌国际化发展的阐述主要选取中国电建、北方国际、金诚信、中色股份等代表企业。

2016 年 3 月 10 日，中国电建集团国际工程有限公司（简称“电建国际”）在北京成立，该公司是由中国电建海外事业部、中国水电建设集团国际公司和中国水电工程顾问集团国际公司重组形成的，这一举措标志着中国电建国际业务开始走向集团化。中国电建确立了“五个统一”的国际业务原则，即“统一战略规划、统一品牌管理、统一市场布局和营销、统一履约监管、统一风险防范”，又根据地理、文化、法律的相似性和国别市场规模的均衡性，划分了全球国别市场，设立了东南非、中西非、中东北非、欧亚、亚太、美洲六个区域总部，并将区域总部定位成“五个中心”，这也是中国电建的国际化第一步。但目前中国电建公司的品牌发展市场主要为非洲、中东地区、拉丁美洲与加勒比海地区，近年来承接了巴基斯坦卡西姆港应急燃煤站、中老铁路、雅万高铁等中巴经济走廊和亚洲铁路的建设。同行业的北方国际市场选择也主要是非洲、拉丁美洲、中东、东南亚、南亚、中亚等地区。

金诚信的品牌国际化首站是赞比亚，于2000年开始进军赞比亚，经过17年的发展在非洲创出了自己的品牌。近年来，金诚信积极部署和实施国际化战略，从而真正进入与国外矿山合作的市场，在不懈努力下其国际化战略已取得一些成效：2012年承接了Vedanta下属的赞比亚KCM铜矿深部开拓工程和采矿项目；2014年承接了金川控股的赞比亚齐布卢马项目；2016年签订了赞比亚鲁班比铜矿开拓掘进和采切工程合同；2017年中标艾芬豪和紫金矿业投资的刚果（金）KAMOA铜矿斜坡道工程；2017年又中标KCM深部扩产基建和采矿的大单合同。可见金诚信主要是通过开发国际项目来实现国际业务规模的不断扩大。

中色股份公司主要的目标市场有中东市场和东南亚市场，其中，中东市场以伊朗、埃及、科威特、伊拉克、约旦等国家为代表，东南亚市场以新加坡、泰国、菲律宾、马来西亚等国家为代表，除此之外还有蒙古、美国、智利等地。中色股份多次作为总承包商完成政府间合作重点项目，在国际有色金属市场上建立了良好的声誉。

4.2.1.2　平行国际化的品牌国际化路径

这56家企业中，选择平行国际化路径的企业共6家，涉及5个行业，分别是：采掘行业的惠博普、计算机应用行业的辰安科技、建筑装饰行业的中国化学与江河集团、医药行业的中国医药和专用设备行业的新元科技。主要选取新元科技、中国医药、辰安科技等代表企业进行阐述。

新元科技是一家创新型的高科技企业，集研发、设计、智能制造、系统集成、运维服务于一体，产品涵盖了环境治理、高端智能制造、智能控制、云计算大数据信息技术四个方面。由于世界橡胶轮胎产业进行战略转移，新元科技紧握机遇，逐步向印度尼西亚、泰国、越南等东南亚国家进军，迅速拓展了公司在东南亚国家智能化输送配料系统的市场。

中国医药随着国外政府采购项目的开发和外交政策项目的跟进，向国际水准看齐，培育医疗服务体系，把医疗服务输出到拉美、非洲等发展中国家。

辰安科技为其他国家构建完整的应急接触警报与指挥控制系统，在海外已服务超过 5 个国家，已经在南美、东南亚、非洲等地区取得了良好的成效，据了解，在未来的品牌国际化进程中，辰安科技计划对南美、东南亚、非洲市场进行覆盖，以及开拓中亚、中东、俄罗斯等区域市场。

4.2.1.3 上行国际化的品牌国际化路径

在 56 家企业中，选择进军发达国家的企业共有 31 家，上行国际化也是被选择最多的进入路径。这 31 家企业中，主要以国投中鲁、华胜天成、利亚德等代表企业为例阐述企业对此进入路径的选择。

国投中鲁选择先进入美国、日本、欧洲、澳大利亚、加拿大、俄罗斯等发达国家和地区，当所在的发达国家和地区的市场占有率呈现稳定发展时，向周边欠发达国家和地区发展；华胜天成的品牌影响力覆盖北美、欧洲以及东南亚地区，通过区域间的产品、技术人员和客户等要素的共享和整合推动企业国际化的发展；利亚德的国际业务主要涉及提供给政府、大中型企事业单位中高端 LED 应用整体解决方案，公司的业务活动、产品销售涉及美国、英国、埃及、西班牙、澳大利亚、土耳其、巴西、科威特等 20 多个国家，初步形成了国际化的业务布局，使得公司的业务规模进一步扩大，品牌知名度在全球范围内进一步提升。

4.2.1.4 选择两种路径的品牌国际化发展

在这 56 家企业中，有 11 家企业选择了两种进入路径，其中有 8 家企业选择了进入发达国家和中等发达国家，3 家企业选择了进入欠发达国家和发达国家。选择进入欠发达国家和发达国家的 3 家企业（信威科技、吉艾科技、北矿科技）涉及了专用设备和通信设备两个行业。吉艾科技针对石油工程服务业务，在 2017 年加大了海外市场的开拓，将服务市场延伸至巴基斯坦、刚果等地区；北矿科技对于国外市场着重开拓日本、东南亚等地区，加大对其他海外市场的开发力度。调查发现，这些公司具有的共同特点是技术都是各个企业的核心竞争力，研发基地多设立在发达国家，所需资源大多在欠发达国家，因此项目实施大多在欠发达国家。选择进入发达国家和发展中国家的企业有 8 家，主要以三一重工、福田汽车、工商银行为例来阐述此路径。

三一重工依托收购德国普茨迈斯特，进入土耳其、比利时、西班牙、俄罗斯等国家，而在国内市场的布局上，三一重工在新疆、太原、北京、沈阳设立了产业园，连通了从东北到远东、西伯利亚、蒙古这条线，就像古时的传统丝绸之路的路径。不仅如此，海上丝绸之路布局也初具雏形。三一重工为了布局一条完整的“海上丝绸之路”，在上海临港、珠海、浙江、江苏等城市设置了工厂，在印度尼西亚进行投资，并将亚太总部设在泰国。这一布局由点带动线，且借着中国“一带一路”倡议的东风，必将成为最直接受益的国内企业。

福田汽车将研发机构设立在俄罗斯、印度、日本、德国，又在俄罗斯、印度等国家设立事业部，海外销售服务体系非常完备。主要市场集中在印度、巴西、俄罗斯、印度尼西亚和墨西哥，在美国、欧洲地区也有销售。

工商银行在国际化发展的初期，选择进入我国的周边国家，通过自主申设机构进行国际化的发展与经营。在哈萨克斯坦设立分行，在日本和韩国设置代表处，快速进入日、韩市场，接着整合统一工行品牌，建立欧洲经营机构，在法国和英国设置代表处，随后又在俄罗斯设立代表处。设立代表处的举措加强了工商银行对所在国家经济与金融状况的了解，促进了银行与金融界、企业界的合作关系，尤其对于进一步在所在国家进行营利性机构的设立方面意义重大。之后工商银行在美国、大洋洲设立机构，逐步完成了品牌国际化布局。

综上所述，如中色股份、金诚信等所处行业的产业国际竞争力大、企业竞争力较小的企业，多选择下行国际化的进入路径；如新元科技、辰安科技等产业国际竞争力小的企业，多选择平行国际化，进入中等发达国家进行品牌国际化拓展；如华胜天成、利亚德等企业具有较大的产业国际竞争力和企业竞争力，这种企业往往选择上行国际化路径，进入发达国家市场。选择两种路径的企业大多是因为在国际化进程中不断做出调整和改进，在企业竞争力和产业国际竞争力不同的阶段选择不同的进入路径。

4.2.2 北京市上市公司品牌国际化成长方式分析

北京市上市企业以不同路径进入国际市场之后，选择了不同的品牌成长方式，主要分为发展自有品牌和非自有品牌两种。如图 4-3 所示，企业选择发展自有品牌的具体方式又分为三种：一是沿用原有品牌，是指企业一步步创建自己的品牌，进行品牌自我累积后，去攻克其他国家市场，逐步建立研发机构与销售渠道，不断提升品牌在当地的知名度，达到品牌扩张的目的；二是新建品牌，是指企业在创建自己的品牌后，去攻克其他国家市场，但由于战略等原因，在东道国建立新的品牌；三是收购当地品牌，是指企业通过收购等行为获得当地市场品牌，并进行自主经营。品牌发展为非自有品牌的方式，主要以联合创牌和贴牌生产两种方式为主。联合创牌是指在两个或更多企业在维持原有品牌特性的条件下，将这些品牌结合而创造一个新的品牌提供产品或服务。贴牌生产是指企业在没有条件创建具有自主知识产权的国际品牌之前，稳步承接贴牌生产（OEM），从而走向国际。

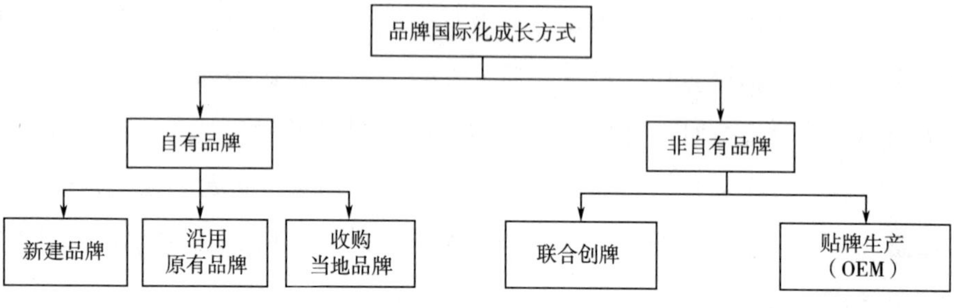

图 4-3　品牌国际化成长方式

经过调查，在这 56 家企业中有 41 家企业只选择一种成长方式进行品牌国际化发展，其中，中国石油等 26 家企业选择沿用原有品牌，朗姿股份、康斯特等 5 家企业选择新建品牌，工商银行等 9 家企业选择收购当地品牌，双鹭药业 1 家企业选择联合创牌；有 15 家企业选择两种方式进行品牌国际化发展，其中，国投中鲁、三一重工等 10 家企业选择了沿用原有品牌和收购当地品牌两种方式，京东方A、中科创达和有研新材3家企业选择了联合创牌和收购当地品牌两种方式，中色股份与福田汽车两家企业选择了沿用原有品牌和联合创牌两种方式。

综上所述，这56家企业在品牌国际化发展的过程中，共有50家企业选择发展自有品牌，1家企业选择发展非自有品牌，5家企业选择发展自有品牌与非自有品牌结合的方式。

4.2.2.1　沿用原有品牌

中国石油是在品牌国际化中沿用原有品牌的典型企业，其在2004年以统一标识为起点，成立品牌管理委员会，全面加强基础管理，构建公司品牌架构，发布企业形象识别系统，自上而下合力打造统一品牌形象，最大限度发挥品牌协同效应。在2017年度全球500强品牌榜单中，中国石油排在第33名。

4.2.2.2　新建品牌

在品牌国际化进程中选择新建品牌的企业较为突出的有朗姿股份。朗姿股份紧跟时尚潮流，坚持推出众多新品牌。如2006年推出的品牌莱茵（LIME FLARE）、2011年培育的品牌玛丽（marien°mary）和近年来精心打造的品牌俪雅朗姿（liaalancy）等，这些品牌的孕育，积累了丰富的中高端女装时尚品牌的孵化经验，企业也掌握了将中高端时尚品牌产业化运营及推广的能力。与此同时，公司具有强大的整合设计能力和广阔的销售渠道，在此优势下，公司积极代理运营国外高端女装品牌，如卓可（MOJOS. PHINE）、吉高特（JIGOTT）、FABIANA FILIPPI，韩国知名少淑高端品牌DEWL等。除此之外，公司控股韩国第一国民童装及婴童用品品牌阿卡邦后，已打造出一个覆盖高中端，横跨女装、婴童等多品类的时尚品牌产业化平台。

4.2.2.3　收购当地品牌

在品牌国际化进程中选择收购或并购的方式进行品牌拓展的代表企业有工商银行。工商银行在品牌国际化进程中具有标志性的事件就是工商银行在2000年以对香港友联银行的收购为基础，将香港分行、工商国际、工商东亚和工银亚洲进行了战略整合。此次将这些香港的分支机构进行重组是为了实现工银亚洲的旗舰作用，统一工商银行的品牌，以及拓展在香港的业务。这一举措对于工商银行拓展海外业务有着重大意义，不但为工商银行在港业务的资本运作搭建了平台，而且最大限度地利用了上市公司的优势拓展业务。此次整合，为工商银行利用资本市场运作实现海外业务的跨越式发展积累了经验。

在国际化发展战略中，中国工商银行坚持不做财务投资、只做战略投资的基本原则，用战略的眼光关注国际化发展，以对中小型银行的控股或并购为主，谨慎进行与大型金融机构的合作并购。工商银行的金融服务网络在地域上跨越亚洲、非洲、南美洲、欧洲、北美洲、大洋洲六大洲，在管理上渠道多样、层次分明、运营高效。

表 4-9　中国工商银行战略并购简表

时间	事件
1995 年	入股厦门国际财务有限公司（工商国际）
1998 年	收购西敏证券亚洲公司（工商东亚）
2000 年	收购友联银行（工银亚洲）
2001 年	香港分行业务注入工银亚洲
2003 年	工银亚洲收购华比富通银行
2006 年	整合工银亚洲与香港信用卡中心
2006 年 12 月	收购 Halim 银行（工银印尼）
2007 年 9 月	收购澳门诚兴银行 80%股权
2007 年 10 月	收购南非标准银行 20%股权
2009 年 6 月	收购加拿大东亚银行
2009 年 7 月	诚兴银行与澳门分行合并（工银澳门）
2009 年 9 月	收购泰国 ACL 银行（工银泰国）
2010 年 5 月	收购富通证券（北美）PDS 部门（工银金融）
2011 年 1 月	收购东亚银行（美国）
2011 年 8 月	收购阿根廷标准银行

4.2.2.4　合资创牌

福田汽车是选择收购并购与合资创牌两种方式进行品牌国际化发展的代

表企业。为了提高研发实力、引进科技人才，2009年，福田汽车收购了日本福田自动车株式会社这家研发机构的全部股权。福田汽车有了在日本的研发机构，日本福田也成为福田汽车的一级子公司。而合资创牌也使福田汽车在国际化进程中受益颇丰，主要有和康明斯公司、戴姆勒公司的合资。

2008年3月26日，福田康明斯发动机有限公司成立，这是福田集团与康明斯建立合作关系后共同出资成立的企业，也是北汽福田集团的第一家中外合资企业。此次合资对于福田汽车来说最重要的收益是汽车动力系统的技术性提升。合资企业成立后，福田旗下系列商用车具备了更先进的动力系统，这不仅对福田商用车系列的整体提升巨大，也使福田汽车具备了冲击发达国家市场的能力，对于积极参与国家化经营的北汽福田集团有着重大的战略意义。福田康明斯公司在成立后第二年就启动了40万台发动机的生产任务，逐步构建全球化的产品体系，并且加快了国际化进程。

2012年2月，福田汽车与戴姆勒公司合资成立了北京福田戴姆勒公司汽车有限公司，主要用于生产研究中重型卡车，在技术上得到了戴姆勒公司的支持，福田汽车对发达国家的出口更有底气，除了技术方面的支持，戴姆勒公司的销售网络也成为福田汽车提升销量的绝对优势。此次合资，也为福田汽车带来了学习对方先进的管理模式的机会，提升了自身的管理水平，不断改善企业在国际化进程中战略方面的问题，可谓收获满满。

可见，福田汽车实施国际化战略的起点是出口，紧接着该公司主要通过国际战略联盟和建立合资公司等国际化战略，建立海外研发团队、学习国外先进技术和聘请国际化高端精英人才，以及改善产品质量来提升企业口碑、增大国际商场占有率，以上多种方式共同助力福田汽车完成企业国际化经营的战略目标。

综上所述，企业在选择品牌成长方式时主要考虑到了企业竞争力和制度距离两个因素。例如：朗姿股份等，选择了韩国作为自己的品牌国际化目标国家，属于制度距离较近的国家；中国石油等企业自身竞争力较强，因此大多选择了新建品牌或者沿用原有品牌来发展品牌国际化；如工商银行等企业竞争力强，在进入制度距离远的国家时，多选用收购当地的品牌来发展自己的品牌；福田汽车等企业自身技术并不占优势，企业竞争力不强，但其通过联合创牌的方式提升了自己的技术，也增加了进入发达国家的底气。

4.2.3 北京市上市公司品牌国际化发展战略分析

企业进行品牌国际化的战略主要分为三种。一是完全标准化模式。完全标准化模式是指在海外市场，企业在所有的营销组合要素中，除了进行必要的战术调整，其他的产品、渠道等要素均实行统一化和标准化。二是标准—本土化模式。标准—本土化模式是指只有品牌形象和品牌定位等重要的要素实行统一的标准化，其他的营销要素（如产品、广告等）均要根据当地的市场情况加以调整，以便与当地文化的融合，使消费者更容易接受，易于品牌国际化的实施。三是完全本土化模式。完全本土化模式是指在品牌国际化战略实施的过程中，所有的要素组合都要充分考虑所在国家和地区的文化、消费习惯等因素，并根据相关因素进行调整。

如图 4-4 所示，在这 56 家企业的品牌国际化进程中，标准—本土化战略最受青睐，有 36 家企业选择；有 11 家企业选择完全本土化战略，8 家企业选择完全标准化的品牌国际化战略。

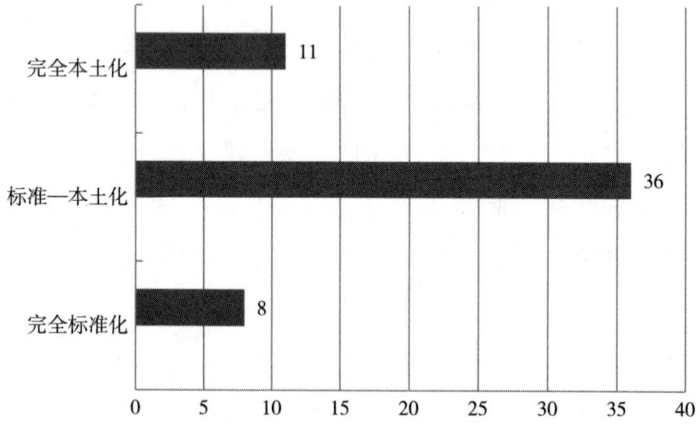

图 4-4　北京市上市公司品牌国际化发展战略

这 56 家企业中选择完全标准化的以海兰信为代表。海兰信以国际化推动本地化为发展战略，通过自主研发及国际引进等手段，整合了国际上最前沿的海底网技术及相应的运行经验，其生产模式分为标准化产品生产模式和项目定制化生产模式。而销售方法采用直销为主、分销为辅的方式，向客户提供标准化的海事产品、海洋观探测产品、海洋信息化产品等，并承担产品的安装、调试以及售后服务。同时，公司也根据客户需求，向客户提供定制服务，该类业务主要包括船岸管理系统、岸基对海监控管理系统、近海雷达综合监观测系统等。

中国国航选择了标准—本土化的品牌发展战略。在品牌国际化进程中，中国国航全球范围坚持标识统一，在服务上选择差异化战略，提供专属服务提高用户消费体验，提高国航产品购后评价策略，开通北美、澳大利亚等国家和地区的国航热线，以多渠道入手了解旅客对产品个性化需求。在渠道方面，持续优化渠道结构，有力推动官网、移动应用平台等直销渠道的扩张。

选择完全本土化战略进行品牌国际化的以三一重工为代表。在人才战略方面，三一重工积极推进海外人才本地化与制造本地化，德国、美国、印度的管理团队本地化基本完成。近年来，三一重工主要目标市场锁定在俄罗斯，也是抓住了俄罗斯国内市场大量需求的机遇。三一重工经过调查得知，俄罗斯国内正大规模进行住房建设，加之俄罗斯迄今为止没有一条国际化的高速公路，也没有高铁。三一重工认为，公司在俄罗斯具有巨大的发展潜力，而未来发展、品牌推广的关键是进一步加强本土化，以及选择与当地强大的代理商达成合作。

综上所述，企业在进行品牌国际化战略选择的时候通常考虑到企业综合实力和制度距离两个因素。如海兰信这种企业综合实力弱，进入制度距离近的国家，选择了完全标准化的发展战略；如三一重工这种企业综合实力强，进入制度距离远的国家，因此不管是在管理层面还是产品层面都遵循了本土化，选择了完全本土化的发展战略；如中国国航这种企业综合实力强、进入制度距离近的国家，选择了标准—本土化的发展战略；而如万达电影这种企业综合实力相对较弱、进入制度距离远的国家，也选择了标准—本土化的发展战略。

4.3 小结

北京市上市公司品牌国际化的发展尚处于起步阶段。以下对上述56家北京市上市公司企业品牌国际化的三个发展阶段进行总结。

（1）从品牌国际化进入路径的角度来看，企业确定要进行国际化业务后，首先要选择目标市场，即企业的进入路径。本书划分了三种进入路径，即上行国际化、平行国际化以及下行国际化。北京市上市公司有53%的企业会选择进入发达国家，即上行国际化的进入路径；有32%的企业会选择进入中等发达国家，即平行国际化的进入路径；有14%的企业选择进入欠发达国家，即下行国际化的进入路径。综合来看，我国的大多数企业还是选择进入发达国家然后进行向下扩展，在这种路径选择中，我国企业可以集中自身的管理优势、技术优势以及规模优势进入发达国家，与其展开正面竞争，努力通过发达国家接受消费者的考验。在这种情况下，一方面，我国企业可以在竞争中不断地提高自身实力，提升企业品牌的知名度，并逐渐使企业品牌成长为强势品牌。另一方面，由于发达国家市场在全球范围内具有示范效应，品牌可以通过发达国家向其他发达国家以及不发达国家进行扩展，为我国企业的后续品牌国际化道路奠定基础。但从另一个角度来说，成功进入发达国家对我国企业来说目前还是比较困难的。因为品牌建设初期的投入大，周期长，而我国多数企业的品牌基础薄弱，没有受到国际消费者的认可；选择发达国家作为品牌国际化进入路径的企业所面临的风险要远远大于选择其他两个路径的企业。其原因归根结底还是由于我国品牌的薄弱性所致。

（2）从品牌国际化的成长方式的角度来看，北京市上市企业以不同路径进入国际市场之后，选择了不同的品牌成长方式。在这56家企业品牌国际化发展的过程中，共有50家企业选择发展自有品牌，1家企业选择发展非自有品牌，5家企业选择发展自有品牌与非自有品牌结合的方式。因此，我国企业在进行国际化过程中通常会选择发展自有品牌。在发展自有品牌中，有46%的企业会选择沿用原有品牌，35%的企业会选择收购当地的品牌，剩下19%

的企业会选择新建一个品牌以适应本土化的发展。而选择非自有品牌发展的企业（联合创牌以及 OEM）少之又少。虽然非自有品牌可以为企业节省一定的成本，但有可能会使企业长期受制于人，因此，我国企业极少会选择此种成长方式。因为发展自有品牌，一方面企业的自我掌控能力会较高，企业可以自己掌握国际化过程中的话语权；另一方面，发展自有品牌可以占据价值链的高端。但通常来说，发展自有品牌会面临成本投入较大、周期较长等问题。

（3）从品牌国际化的发展战略的角度来看，企业在进入目标市场后，会选择企业的发展战略。本书将企业品牌国际化的发展战略划分为完全标准化、标准—本土化以及完全本土化三类。在这 56 家企业的品牌国际化进程中，标准—本土化战略最受青睐，有 64.29%的企业选择此种策略；有 30.56%的企业选择完全本土化战略，而只有 14.29%的企业会选择完全标准化的品牌国际化战略。实施完全标准化策略，虽然可以使企业实现规模经济优势，获得较低的成本，有利于企业树立品牌在国际上的统一形象，但完全标准化忽略了地区间的差异性，不考虑地区间的制度距离，难以满足不同市场消费者的不同需求，甚至会出现矛盾和冲突。而与此相对应的是完全本土化，即企业充分考虑当地的民俗风情、消费方式等社会文化差异，了解当地消费者的需求，将产品、人力、渠道等所有的要素均实现本土化。这种策略虽然可以完全适应当地消费者的消费需求，但不利于企业国际化的快速发展。因此，大部分企业会选择标准—本土化的发展路径。标准本土化策略一方面将品牌标识等要素标准化，使品牌更容易在全球范围内传播；另一方面，企业将产品、人力、渠道等要素本土化，有利于企业适应广大消费者的需求。标准—本土化策略改进了完全标准化与完全本土化所面临的不同问题，是适应大多数行业发展的战略选择。

5

小米公司品牌国际化发展案例研究

目前，作为高科技行业的代表之一，中国手机行业迅速崛起，在依托国内巨大市场需求优势的同时，积极开拓着海外市场，多个手机品牌已经成为全球知名品牌，但是，由于芯片等核心技术落后，多数国产手机品牌过度依赖进口，当贸易保护主义抬头时，由于全球市场材料供应的影响，中国手机行业将陷入短期的被动期，影响进一步的发展。其中，成立于北京的小米公司发展迅速，在2014年前后就开始尝试品牌国际化发展，并于2018年在香港上市，上市之后再次明确提出“全球市场开疆拓土”，基于此，本研究选择小米公司作为品牌国际化发展案例进行分析，具有良好的代表性。

5.1 小米公司简介

5.1.1 小米公司基本情况介绍

小米公司成立于2010年4月，它专注于智能硬件以及电子产品研发领域，是一家创新型移动互联网公司，旗下三大核心的业务分别是小米手机、MIUI及米聊。小米公司自创立以来，就保持了令世界惊讶的增长速度。2013年之后，小米公司对数码产品进行了业务拓展，推出了小米手环、小米电视、小米盒子、小米路由器以及小米平板电脑等，同时还推出了与小米手机相关的产品如小米耳机、移动电源、小米玩偶等。自2010年产品问世以来，小米在国内的发展势头良好，依靠饥饿营销、粉丝营销等俘获了大批小米粉丝，销售额一路高歌猛进，但是2015年、2016年销售额开始下滑，2017年略有回暖。总体来说，国内市场趋于饱和状态，竞争十分激烈。因此，小米转战海外市场。从2013年开始试水亚太地区的市场，此后，小米向海外市场迅速扩张，目前已经进入了73个国家和地区，涉及亚太地区、欧洲、中东、非洲以及北美等地区，出货量持续增长。在2017年，小米手机在印度销量位居第一，还在俄罗斯、希腊、新加坡等十四个国家中销售量排名进了前五。综合来看，在国际市场上，小米的发展前景较好。

5.1.2 小米公司团队及文化

小米公司是由以雷军为首的八名创始人创建，包括创始人、董事长兼CEO 雷军，联合创始人兼总裁林斌，联合创始人及副总裁周光平、黎万强、黄江吉、刘德、洪峰和王川，具体情况如表 5-1 所示。小米团队聚集的是全球各行各业的顶尖人才。

表 5-1 小米公司领导团队

姓名	以往工作经历	现任职务
雷军	前金山软件董事长；天使投资人	董事长兼 CEO
林斌	前谷歌中国工程研究院副院长、工程总监、技术总监；前微软工程院工程总监	总裁
周光平	前金山软件人机交互设计总监、设计中央总监、金山词霸事业部经理	小米手机营销及 MIUI 项目负责人
黎万强	前摩托罗拉核心专家工程师	小米科技硬件及 BSP 团队负责人
黄江吉	前微软工程院首席工程师；前微软工程院考法总监	小米科技工程技术负责人
刘德	世界顶级设计院校 Art Center 毕业的工业工程师	小米手机工业设计及供应链服务
洪峰	前谷歌中国高级产品经理；前美国谷歌高级工程师	米聊产品负责人
王川	北京雷石世纪科技有限公司总经理；多看科技创始人、CEO；金山软件独立董事	小米盒子与小米电视服务负责人

小米的文化：小米公司以用户为中心，认为用户是公司发展的驱动力，坚持“为发烧而生”。小米公司内部没有森严的等级，每一位员工拥有平等的地位，工作氛围轻松愉悦。而且小米公司崇尚创新、快速的互联网文化，在轻松的氛围中发挥自己的创意。

5.1.3 小米公司使命

（1）经营战略。小米公司专注于手机及其附加产品的研究与开发。

（2）经营目的。赢取客户忠诚度，小米致力于向客户提供最高质量的产品、服务以及更多的价值，通过产品与服务赢得客户的信任。高额利润，小米手机以高性价比在手机行业迅速奠定了市场地位，但小米公司也必须要保障后期获得足够的利润来支持公司的发展壮大，为公司的其他项目提供资金支持。市场地位方面，小米致力于成为国产机的领头羊，成为发烧友的最爱，带领国产手机走向世界。

（3）战略目标。短期目标：不以硬件盈利，而以硬件提升品牌的知名度，推动 MIUI 用户规模的增长。中期目标：自主研发新技术，开发新的软件，与巨头互联网公司战略联盟，整合互联网用户及产品，抢占市场份额。长远目标：开发多元化的智能手机，实现产品多元化，争做国产智能手机的领头羊。

5.2 手机行业背景

5.2.1 国内智能手机品牌国际化发展现状

日渐饱和的中国手机市场已经成为一片“红海”，从华为、联想、中兴到小米、vivo、OPPO 等中国手机品牌几乎都在寻求一条国际化之路以获得更高的利润。国产手机的厂商纷纷将海外的市场视为非常重要的目标市场。

从 Gartner 公布的数据来看，2017 年全球智能手机出货量的前五名中，中国的厂商占据了 3 席，分别是华为（出货量占比为 9.8%）、OPPO（出货量占比为 7.3%）、vivo（出货量占比为 6.5%），相对 2016 年均有所增长，三家厂商共计出货量份额比 2016 年提高了 4.2%。

此外，其他机构统计数据和媒体报道也均显示：国产手机在海外的市场取得了丰硕的成果。印度的《经济时报》称，2017 年，vivo、OPPO、小米等一些中国智能手机在印的销售额都实现了数倍的增长，销售额增长共计将近 30 亿美元，中国智能手机占据了印度市场近半壁江山；根据 IDC 报告显示，2017 年的第三季度，中国传音占据了 30.1%的非洲市场份额，成为了非洲市场上排名第一的手机厂商；Counterpoint 统计报告称，在 2017 年欧洲的手机市场中，华为占据 13%的市场份额，中兴通讯占据 4%的市场份额，联想集团获得 3%的份额。总体来说，中国手机企业在海外市场，尤其是一些新兴市场，发展潜力巨大且发展势头良好。

但是对于中国手机企业来说，进行品牌国际化的经验并不多，在发展海外市场的过程中，难免会碰到各种政治、文化、技术等方面的问题，比如小米曾在印度被爱立信公司因为专利问题告上法庭，一度被禁售；HTC 系列手机曾在北美市场大卖，但遭遇专利官司导致禁售，如今在各出货量的排行榜上销声匿迹而沦为小众品牌。中国手机企业的品牌国际化进程中有很多的机遇也有很多的挑战，那么找到合适的发展路径、选择正确的成长方式以及做出正确的战略选择就尤为重要。

5.2.2 国内智能手机品牌国际化进入路径

中国手机企业进行品牌国际化过程中，基本都是先从欠发达或中等发达国家开始，逐步发展壮大进入发达国家。华为先进入东南亚，而后进入非洲、拉美一些发展中国家，2001 年以进入德国为起点，开启了进入欧美等发达国家的新篇章。与华为一样，中国第一批开展品牌国际化的手机企业还有中兴，中兴品牌进入路径也是从发展中国家向发达国家拓展。中兴在 1996 年进入东南亚市场，后来又陆续进入非洲以及印度、俄罗斯、巴西等市场潜力巨大、人口基数大的国家和地区。2005 年开始，中兴打开了欧美市场。OPPO、VIVO、小米等新品牌，正处于品牌国际化初始阶段，它们目前主要集中在东南亚市场上，同时有向欧美等发达国家进军的意向。

中国手机企业选择这种进入顺序也是必然的。首先，在政策方面，有更多的优惠条件。中非关系良好，中国与亚洲国家贸易往来也很频繁，特别是“一带一路”倡议的提出，更有利于中国手机企业在亚非地区的发展。其次，亚非地区的发展中国家与中国手机市场情况相似，且进入的门槛低，对于品牌国际化刚起步的手机企业来说，是最好的选择。而且，亚非地区手机市场消费者的消费能力，更适合中低端的手机产品，中国手机企业大部分都是从中低端手机起家，能很好地适应发展中国家市场的需求。从企业内部来看，中国手机企业经受住了国内跨国公司以及本土竞争对手的挑战，进入相似的新兴市场中会更有应对各种挑战的能力，在发展中国家市场上更具有竞争优势。中国以中国制造闻名全球，但品牌积累不足，中国产品一直以来在国际市场上给人以中低端的印象。手机企业在品牌国际化初期，受此刻板印象的影响，品牌影响力不足，知名度不高，选择直接进入发达国家市场，难度会很大。对于中国手机品牌来说，树立品牌形象，提高品牌知名度，仍还有很长的路要走。只有在提高了自己的综合实力之后再选择进入发达国家，才能在发达国家手机市场上立足。

综上所述，对于当前环境下的中国手机企业来说，选择从欠发达国家向发达国家发展的品牌进入路径是最为合适的。

而且对于品牌国际化刚起步的中国手机企业，在国外市场上品牌知名度较低，影响力不足，企业需要逐步建立品牌形象，扩大品牌知名度，这就需要采取先易后难，逐步升级的成长路径，在品牌国际化成长过程中，不断积累品牌价值，提升企业的核心竞争力，为以后的发展铺路。比如华为在品牌国际化初期，选择从发展中国家市场进入，而后再向更复杂的发达国家市场进发，在这个过程中，华为潜心发展技术，扩大专利储备，发展国际人才，积累国际化管理经验，对国际市场的信心越来越高，投资越来越大。这种渐进式的成长路径是一个动态的学习和反馈的过程。

随着中国手机企业品牌国际化的深入，按部就班的成长路径对于企业品牌成长助力不再显著，企业会选择跨越式的成长路径。这种成长路径又可以具体分为群聚国际化、联盟国际化、独立国际化。比如中兴依靠战略联盟加快品牌国际化进程；华为选择联盟国际化与外国企业设立合资公司，建立研发中心，通过技术联盟、市场联盟、供应链联盟等提升本企业的竞争力，逐步发展成为世界级手机企业，此时品牌国际化相对进入一个成熟期。

由此可见，中国手机企业品牌国际化成长路径是一种组合式的。早期受品牌、资金、技术等条件的制约，选择渐进式的成长路径，由易到难，逐步发展，发展到一定程度之后，企业有了一定的品牌知名度、科技创新能力、资本积累等，企业会选择更进一步，采取跨越式路径，用联盟等方式提升国际竞争力，这个时候企业具备一定的渠道谈判能力、国际市场话语权等，品牌国际化进入一个相对成熟的阶段。此时，企业需要稳定自己在行业地位的同时寻找时机赶超世界巨头企业，紧抓自主研发的旗帜，加大科研力度，同时注重品牌形象的维护和升级。

5.2.3 国内智能手机品牌国际化成长方式

从宏观来看，中国手机在进行品牌国际化的过程中，大背景一致，所以路径选择都是从欠发达国家向发达国家进入，采用先易后难、逐步发展的渐进式与跨越式相结合的组合式成长路径。

从微观来看，不同中国手机品牌综合实力不同，在品牌国际化路径的具体选择上，应当综合考虑影响品牌国际化路径的内部因素和外部因素来选择其具体的进入方式以及后续的成长方式。外部因素即环境因素，综合衡量目标国政治和法律环境、文化环境、经济环境，将其分为优劣两个部分。内部因素即企业的综合实力，综合衡量专利技术储备、科技研发能力、品牌知名度、资金实力，将其分为综合实力较强和较弱两个部分。环境因素好，企业进入市场的门槛就会比较低，可以选择的进入方式也较多。相反，环境情况不好，企业选择进入市场的方式就有较多的限制，比如欧美国家对来自中国产品的反倾销指控和贸易限制措施，因此华为选择在中国周边国家设立加工企业来规避风险。手机企业综合实力越强，越具有竞争力，在国际市场的地位也就越高，路径选择上更加广阔，而实力较弱的企业则需要通过出口、联盟等方式不断积累实力，逐步发展。本书根据外部环境的优劣和综合实力的强弱，将品牌国际化具体选择路径分为四种：环境因素优、综合实力强的情况下，企业选择直接输入品牌的路径；环境因素劣、综合实力强的情况下，企业选择跨越发展品牌的路径；环境因素优、综合实力弱的情况下，企业选择渐进发展品牌的路径；环境因素劣、综合实力弱的情况下，企业选择借力发展品牌的路径。

直接输入品牌，主要是直接投资建立独资企业独立经营，保护自己的专利技术，对企业享有完全的控制权，可以直接输入品牌，同时设立研发中心，以全球化的视角在全球范围内优化价值链，打造国际大品牌。比如华为，有较强的科技研发能力，同时储备了大量的专利知识，积累了大量的品牌国际化经验，资金实力雄厚，在业界品牌知名度较高。华为把欧洲总部设立在英国，同时在欧洲其他地方设立研发中心，对企业进行全球化的布局。这是品牌国际化进展到较深程度时采用的一种路径。

跨越发展品牌，主要是通过合资、并购等方式跨越发展，规避风险，少走弯路。当企业有较强的资金实力、技术实力等综合实力时，进入存在威胁挑战的市场，通常会选择跨越发展品牌的路径。华为在进入美国市场时，与3Com公司建立合资公司，规避一些政治风险来实现自己全球化的布局；进入欧洲市场时选择与当地一流的代理商建立合作关系；进入巴西市场也是选择设立合资公司。这条路径有助于国际性大品牌深化其全球市场的布局。

渐进发展品牌，主要适用于外部环境较优而企业综合实力不足的企业。比如OPPO等品牌，刚刚进入国际市场，资金实力有限，品牌知名度不高，科技研发能力、专利储备都有很大的提升空间，路径的选择存在限制。一般综合实力不足的手机企业会选择一个环境因素较好的市场进入，优先进入发展中国家，用出口的方式，从小规模的国际营销开始积累经验，提升综合实力，同时采用联盟、合同进入的方式积累技术、人才、渠道、市场等资源，为品牌国际化的深入发展打下坚实的基础。

借力发展品牌，是指选择出口进入、合同进入这两种方式进入市场的路径。手机企业进行直接出口、业务外包等这类业务来逐步积累资源，缓速发展，为品牌国际化奠定基础。当综合实力发生质的飞跃的时候，手机企业会结合实际情况选择价值链下游进行本地化或是全球化（追求低成本），同时设立研发中心来进一步提高自己的专利储备、科技研发能力，开拓其他海外市场，逐步打造国际化大品牌。

针对中国手机企业，这四种路径有一定的联系。中国手机企业根据自身情况，一般选择从环境因素较好的发展中国家进入国际市场，所以刚走出国门综合实力不足的中国手机企业可以走渐进发展路径—直接输入品牌—跨越发展品牌的路径，或是根据自身的全球布局走渐进发展路径—跨越发展品牌—直接输入品牌的路径，也可以直接输入品牌与跨越发展品牌相结合进行发展。中国手机企业应当结合自身情况以及国际化战略布局制定一条适合的品牌国际化路径。

将上述四种情况列表进行总结，具体路径选择见表 5-2。

表 5-2　中国手机企业品牌国际化路径具体选择

类别		综合实力	
		强	弱
环境因素	优	直接输入品牌	渐进发展品牌
	劣	跨越发展品牌	借力发展品牌

5.2.4　国内智能手机品牌国际化战略

我国智能手机市场的饱和促使众多企业开始拓展海外新市场。但对于中国手机企业而言，进入市场后采用不同的战略选择给企业带来了不同的境遇和未来。品牌国际化战略模式可分为三种：完全标准化、完全本土化和标准—本土化。不同的模式选择代表企业的国际化道路也会不同。

中国手机能在海外市场迅速崛起的原因在于“本土化”策略的实施。因为一个品牌想要在当地扎根生存，本土化策略是必不可少的。企业可以针对不同的区域推出不同的产品，以满足不同地区消费者的需求。例如，华为与欧洲的足球俱乐部合作，以推广自己的品牌。vivo 推出了主题为“Love India，Love vivo”的印度本土化发展计划。“中兴”在美国市场为了提升品牌知名度，选择与美国影响力很大的“NBA”进行营销合作，以实现品牌的本土化策略。此外，品牌国际化要面对的是不同文化、不同消费习惯、不同购买力的消费者的目标市场，因此，企业还需注意目标国家的文化习俗、宗教信仰等。

5.3　小米公司品牌国际化发展

5.3.1　小米公司品牌国际化发展路径探究

小米公司的品牌国际化进程，第一步就是确定目标市场，即国际化路径的选择。小米在中国手机行业中很“年轻”，结合自身发展状况，对其品牌国际化路径选择影响因素分析如下。

从外部因素来看，政治及法律因素依旧排在首位，美国对外国通信行业的限制、印度对电子通信产业的“改革开放”、中国的“一带一路”倡议等都是小米选择品牌国际化进入路径的重要参考指标。其次，市场经济环境也是一个很重要的因素。小米在国内主要依靠线上销售渠道和借助其他运营商进行销售，在国外，小米想继续使用在国内的销售方式，就需要选择一个线下配送发达、网络普及率高、基础设施较完善的地区。小米的产品定位是低端市场，以超高的性价比取胜，在选择进入市场时就需要参考当地消费水平、消费习惯、手机市场发展水平等情况来选择一个符合自己市场定位且市场潜力大的国家进入。

从内部因素来看，小米手机在专利储备和科研技术方面相较于国际知名手机厂商还有很大的距离，在路径选择上，应选择在技术方面要求与本企业当前技术水平吻合的市场即优先进入欠发达地区或中等发达地区市场。从品牌知名度的角度来看，小米进行品牌国际化初期品牌知名度不高，为了加深品牌国际化，在成长路径上应以努力提高品牌知名度、提升小米的品牌价值为目的来进行选择，循序渐进，拒绝眼前的短期利润，拒绝短平快的发展模式。小米综合实力与华为等大企业来比，相对较弱，在选择品牌国际化路径的时候，要充分考虑到这一点。

小米公司在品牌国际化进入顺序中选择了从欠发达地区向发达地区的进入顺序。小米的国际化进程始于 2014 年前后，小米公司建立伊始便进入 7 个不同的国际市场，遭遇到了各种各样的困难，损失也非常惨重。直到 2017 年，小米公司的国际化战略才初显成效。

- 2014 年小米先后进入新加坡、马来西亚、印度、印度尼西亚。
- 2015 年 11 月与外国公司合作开辟非洲地区市场。
- 2016 年 6 月进入俄罗斯。
- 2017 年 12 月，小米进入西班牙市场，作为进入欧洲市场的第一站。
- 2018 年 5 月，小米进入法国市场，继续西欧市场征程。

综上，可以看出小米成长路径初期是先从周边地区、国家以及发展中国家开始，向发达国家发展，采取先易后难，逐步发展的成长路径。

结合具体路径分析来看，以印度市场为例，小米手机应当处于外部环境因素较好，品牌综合实力不足的位置。首先，印度正处于一个由功能机向智能机转换的一个时期，对于手机需求量很大，而技术要求不高，市场竞争也相对不那么激烈；其次，印度政府对通信行业放宽政策；最后，文化因素对于中国手机企业进入印度市场影响不大，手机企业在设计、生产、营销、管理等方面，注意尊重当地文化即可。小米公司规模一般，资金实力有限，品牌国际知名度也尚处于发展阶段，科技研发能力和专利技术储备仍有很大的提升空间。所以，小米在进入国际市场时，优先选择从印度这一外部环境情况较优的发展中国家市场进入。

5.3.2 小米公司品牌国际化发展成长方式

小米公司的品牌国际化成长方式是企业在选定目标市场之后的第二步，是企业进入目标市场的具体手段，即企业品牌国际化的成长方式。小米公司在不同市场选用了不同的品牌国际化成长方式，具体表现为以下几个方面。

5.3.2.1 小米公司在东南亚的成长方式

- 小米通过与印度三大电商平台进行战略合作以销售手机及公司产品。
- 在新加坡和马来西亚，小米与 Uber 公司合作，为消费者配送小米最新旗舰手机小米 Note，而且手机的购买者同时可以通过 Uber 账户进行付费。
- 在泰国，小米科技携手泰国最大的移动运营商 Advanced InfoService，在线上销售小米 4 手机。
- 小米携手印度尼西亚主要移动运营商 PT XL Axiata、电商网站 Lazada、零售商 OkeShop 和 Erafone 展开销售。

小米手机在印度和东南亚地区的营销策略通常是选择与当地知名的电商平台、运营商以及零售商合作，通过知名平台吸引消费者的目光。与此同时，小米公司在海外的产品还是沿用原有的手机品牌，例如红米 2、小米 4、小米 4i 以及小米平板等与在我国销售的产品型号类似的品牌。

5.3.2.2　小米在非洲地区的成长方式

小米公司在国内的战略通常都是先发制人，但在非洲市场，小米公司显然是慢人一步。据相关数据显示，非洲智能手机市场前五位排名中，我国的华为、传音、TCL 通讯等 3 家企业已占据三席。同时，中兴通讯、金立、联想、OPPO 也纷纷进入到非洲市场。因此，小米进入非洲市场面临着巨大的竞争。

非洲基础设施落后，非洲电商整体的状况都要落后于中国。因此，小米选择了与 Mobile in Africa 结盟，并挖掘苹果的渠道商，借道拓展市场。

5.3.2.3　小米在俄罗斯的成长方式

在小米正式进入俄罗斯市场之前，早已通过合作伙伴 RDC 在俄罗斯售卖相关产品。因为俄罗斯 80%~90%的消费者更倾向于在线下购买智能手机，因此，小米公司与 RDC 在俄罗斯市场同时发力三种销售渠道：开发电商、开设官方零售店及同大型网站合作。作为长期战略合作伙伴，RDC 大力支持小米产品进入俄罗斯，并同时布局了官方的服务中心网络。小米的一系列产品也可以通过小米授权的分销商商店、运营商和零售伙伴的商店在线下买到。同时，在 RDC 的官方网站也在线销售。

5.3.2.4　小米在西班牙的成长方式

小米公司进入西班牙市场启动销售业务，表示小米公司的国际化进入路径开始涉足西欧市场。这也表明了小米国际化的目标与野心。小米公司在西班牙市场线上方面除了在自己的电商平台进行销售外，还与 Ingram Micro 和阿里旗下的全球速卖通（AliExpress）合作，进行相关商品的销售与配送。除此之外，小米公司还与亚马逊和家乐福进行战略合作，同时为小米公司的多种产品提供线上与线下的两种购买渠道。同时，小米公司还在西班牙马德里 Xanadú 和 La Vaguada 购物中心建设了两家小米的授权店，以进行现场销售。

小米在西班牙除了智能手机外，销售还包括生态链产品：小米手环、小米盒子、小米电动滑板车、米家 4K 运动相机等小米物联网明星产品。

5.3.2.5　小米在法国市场的成长方式

小米在西班牙开启了西欧市场的第一步，仅在半年后，就决定进入法国市场，加速企业的全球化征程。此次进入法国市场，小米拿出了产品性能最好的——小米 MIX 2S 以及具有高性价比的产品——红米 Note 5。除此之外，小米还在法国推出了其生态链产品小米电动滑板车。小米通过多样化的产品，为进入法国市场而做了准备。

小米在法国的销售渠道方面采用了全覆盖方式，多渠道的线上、线下及运营商的销售方式。在线下方面，小米通过与 FNAC、DARTY 及家乐福等商家合作进行产品的销售；在线上方面，小米决定启动官方平台——小米网。除此之外，小米还与 Cdiscount、亚马逊、欧尚、Boulanger、FNAC 和 DARTY 等平台进行合作，全方位进行产品的销售；运营商方面，小米与法国四大电信运营商 Orange、SFR、Bouygues 和 Free 进行战略联盟销售产品。同时，小米在巴黎市第一区的 Sébastopol 大道设立了法国第一家小米授权店。这标志着小米正式进入法国市场。

综上所述，考虑其外部环境以及自身的综合实力，小米公司选择了不同的成长方式。但从整体上来说，小米公司的成长方式一般分为线上销售、线下销售、与零售商合作、设立授权店等四种形式。小米通常会选择跟当地电商平台合作，用自己独有的网络营销、饥饿营销、粉丝营销等方式取得了不俗的成绩。在技术方面，也与爱立信签订了合同，达成合作共识。小米从小规模的营销发展到如今稳坐印度市场销售量第一的宝座，从出口手机到现在75%的手机实现本土化生产。现在小米在寻求建立研发中心之路，国际市场方面开始向欧洲发展。可见，小米以一个综合实力较弱的身份进入外部环境因素较好的市场，通过联盟等合作方式的资源积累、市场占有，结合独一无二的营销策略，为自己在印度市场取得成就，同时提升了综合实力，打造了业界品牌口碑，为在印度市场建厂、开设门店、设立研究中心打下基础，也为品牌国际化的进一步发展铺路。小米正是在走渐进发展品牌的路径，从小规模销售、只有几个人规模的公司到今天的印度手机市场销量第一、工厂门店蓬勃兴起、综合实力不断攀升新高峰的中国手机企业。

5.3.3 小米公司品牌国际化发展战略

小米在选定目标市场、确定如何进入目标市场后，接下来就是确定企业在目标市场中应该采取的策略，即公司的品牌国际化战略。

5.3.3.1 小米策略选择：标准化抑或是本土化

（1）生产本土化。小米公司在印度的目标市场中实现了生产本土化，即小米公司在印度全国各地采购相关的零部件，在印度本土工厂进行组装产品。小米公司在印度设立生产工厂，进行组装生产，一方面可以避开高额关税，减少企业的生产成本，提高小米公司在本地的利润空间；另一方面，小米公司在印度的品牌竞争力将会大大提升。

（2）品牌营销本土化。在宣传方面，小米启用当地的人气明星为品牌代言，大量投放广告，迅速增加品牌的传播强度，提升品牌在当地的知名度；在渠道方面，小米没有采用在国内以线上为主要销售渠道的策略，而是通过线上线下结合，与当地的知名品牌进行合作来提升品牌的曝光度；在销售价格方面，小米的定价会根据目标市场的消费水平进行定价，如小米充分结合印度消费水平以及消费习惯，延续小米在国内的低价调配策略。小米智能手机定价通常在 5 000~20 000 卢比（约合人民币 470~1880 元）。如此性价比之高的产品，使小米公司迅速笼络了一大批客户。

（3）管理团队本土化。小米在海外的管理层以及员工绝大部分是当地的人才，运用本土化人才，一方面可以使产品更好地在目标市场传播，加强人们对产品了解；另一方面，由本土化人才组成的管理层会更符合当地人们的观念，增强产品的本土化，使产品更受当地人的喜爱。

除此之外，小米在海外销售的产品名称通常都是与国内产品一脉相承的，如红米系列、小米 MIX 系列以及生态链产品的系列，国内与海外都是使用统一的标识，即实现品牌标识的标准化。品牌标识的标准化有利于企业品牌的全球化传播。

综合来看，小米采用的是标准—本土化战略。即在品牌标识方面实现标准化以利于品牌的传播；在生产、品牌营销以及人力资源方面实现本土化，以适应目标市场的需求，使自身利益达到最大化。

5.3.3.2 **小米战略选择：低成本或是差异化**

企业在进行国际化战略的选择时，既可以选择以物美价廉吸引消费者的低成本战略，也可以选择以独特性的产品提高客户的忠诚度的差异化战略。小米公司面对不同的市场选择了不同的战略方式。

（1）印度及东南亚市场。印度和中国有着诸多相似点：人口基数大，而且正处于经济起飞阶段。东南亚市场是一个具有潜力的巨大市场，其拥有6亿多人口。这意味着印度与东南亚市场都是极具吸引力的市场。小米公司已经在新加坡、马来西亚、印度尼西亚、菲律宾以及印度等地区取得了不俗的成绩。对于印度的消费者来说，小米手机最具吸引力的莫过于其超高的性价比。印度现在的经济正处于起飞阶段，因此当地的消费者对价格比较敏感，而小米手机低廉的价格正是印度消费者所追求的“实惠”。在东南亚市场，如印度尼西亚，小米公司在当地建立了工厂，使制造成本大大降低。“印度尼西亚制造”手机红米4A销售价格折合人民币仅为775元，更加符合当地的消费需求。因此，小米手机在印度以及东南亚市场采取的是低成本战略。

（2）非洲市场。非洲大陆一直都是销售量增长最快的手机市场，内部的推力和外部的吸引力无疑是小米进入非洲市场最直接的动力。非洲市场面临着基础设施普遍落后、消费水平不高的特点。在国内，小米公司以高性价比的手机及网络营销，将智能手机价格迅速拉低。但小米手机这一销售模式，在非洲显然是行不通的。非洲经济尚不发达、基础设施落后，据相关资料显示，非洲电商状况整体落后中国10~15年。而且非洲往往对手机拥有不同的需求。所以小米在非洲市场率先推出两款不同于当地市场的产品：红米2售价折合人民币1 022元；小米4售价折合人民币2 044元。相比国内799元的红米2和已经降到1 299元的小米4，显然小米主打的性价比并不明显。因此，小米手机在非洲市场实施的是差异化的战略。

（3）俄罗斯市场。小米公司携三款智能手机——小米MIX，小米Note2和红米4X进军俄罗斯市场，据IDC报告显示，小米手机在俄罗斯市场排名已上升至第四位。在价格方面，小米MIX、小米Note 2以及红米4X在俄罗斯的售价折合人民币分别是 4 905 元、4 291 元以及 1 593 元，均比国内的价格高。但相较于其他厂商同类型的产品，小米手机还是实施高性价比的战略。因此，小米公司在俄罗斯市场采取的是低成本战略。

（4）西欧市场。在西欧市场中，小米公司已进入了西班牙以及法国市场。小米公司在进入西班牙市场后，表现优异。据相关统计，小米公司仅用了半年的时间就成为西班牙手机市场销量排名的第三名。小米公司在西班牙市场引入了两款手机。分别是小米 MIX 2 与小米 A1。其中小米 MIX 2 为 6GB 内存+64GB 存储版本，定价 499 欧元；小米 A1 为 4GB 内存+64GB 存储版本，售价为 229 欧元，同时，这款手机也是小米公司第一款参加谷歌 Android One 项目的手机。小米在西班牙发布的生态链产品包括：小米手环、小米盒子、小米米家电动滑板车、米家 4K 运动相机等，定价分别为 24. 99 欧元、74. 99 欧元、349. 99 欧元、134. 99 欧元。可以看出，小米手机采取的是性价比较高的战略。小米在法国市场引入了小米 MIX 2S 和红米 Note 5，以及生态链产品小米米家电动滑板车。小米公司依靠其高性价比在西欧市场上获得了飞速的增长。因此，企业在西欧市场采取的是低成本战略。

综上所述，小米公司在印度和东南亚市场、俄罗斯市场以及西欧市场都采用高性价比的低成本战略；只有在非洲市场采取的是差异化战略。

5. 4　小米公司品牌国际化展望

自 2014 年以来，小米公司的国际化发展一路高歌猛进。截止到 2018 年 2 月，小米公司已经进入全球 73 个国家和地区，并在 9 个国家的市场份额排名前三。甚至在印度这个全球最具潜力的、目前是世界第二大的手机市场上，小米击败三星，排名第一。小米在国际化业务中取得了巨大的成功。

但在成功的背后，小米公司也面临着巨大的挑战，即要逐步提升产品档次、改善产品形象，从而推动未来进一步的国际化，提升盈利能力。小米公司过度依赖低端产品将不利于企业未来的发展。从价格方面来看，小米公司的智能手机均价不足华为的二分之一，这证明小米手机的销售绝大部分依赖于低端的红米手机。小米公司依赖其低价的红米手机迅速做到了国产四强和全球前五的位置，然而，红米手机为小米公司带来巨大销量的同时也给小米打上了廉价低端的烙印，最终导致小米公司品牌难以走上高端路线。从战略方面来看，小米手机在国际化过程中通常采用低成本的国家化战略，目前只有在非洲市场采取差异化的战略。因此，若小米在国际化过程中过于依赖低端产品很有可能后继乏力。

现在智能手机国际化的竞争依然非常激烈。在手机设计功能配置高度同化的今天，手机厂商之间的竞争主要表现在供应链领域。目前，手机核心元器件大多还集中在高通、三星等国际巨头手中。而且小米公司还面临着专利的问题。这些情况使得小米的利润率偏低。因此，小米在国际化过程中还需时间沉淀、深耕和渗透，在全球范围内建立一个可靠的品牌形象。

6

福田汽车品牌国际化发展案例研究

近几年，我国汽车企业“走出去”发展面临着诸多挑战：新兴市场需求复苏乏力、企业生产成本逐年上升、目标国货币汇率波动、少数国家政局动荡、新贸易壁垒频现、市场竞争压力增大等，汽车出口面临着严峻的形势。目前，随着中美贸易摩擦逐渐升级，双方已将绝大多数汽车产品列入加征关税清单，对全球汽车、零部件及相关产品的产业链将产生深远影响，并推动全球汽车产业格局和生态体系发生重大调整。在此背景下，本研究聚焦于汽车产业品牌国际化发展，并选择福田汽车作为案例进行研究，福田汽车作为汽车产业品牌国际化发展的先行者，具有良好代表性。

6.1 福田汽车简介

6.1.1 福田汽车基本情况介绍

北汽福田汽车股份有限公司（简称福田汽车）是中国品种最全、规模最大的商用车企业之一，于1996年8月正式成立，1998年6月在上海证券交易所上市。福田汽车是中国汽车行业自主品牌和自主创新的中坚力量，现已经形成了集整车制造、核心零部件、汽车金融、车联网、福田电商为一体的汽车生态体系。其中，商用车业务，涵盖整车及服务、汽车智能互联应用两大业务，整车覆盖卡车、客车、商务汽车等5大业务单元，欧曼、欧马可、奥铃、欧辉、图雅诺等15个产品品牌。

作为国有控股公司，福田汽车具有跨行业、跨区域的特点。就目前而言，福田汽车拥有4万名左右的员工，总资产达到861多亿元，不论是产量还是销量都是业内的第1名，累计产销汽车889.1万辆，连续多年在中国商用车销量中领先；海外累计出口54.3万辆，连续7年位居中国商用车出口第一。2018年世界品牌实验室发布《中国500最具价值品牌》排行榜中，福田汽车以品牌价值1 328.67亿元排行34名，位居商用车行业第一、汽车行业第四。福田汽车总部设在北京市昌平区，且在全国多个省、市、区都有零部件与整车基地，包括新、冀、粤、鲁、京等地；研发机构遍布世界各国，主要有俄罗斯、印度、德国、日本等；与此同时，还在俄罗斯与印度分别设了事业部，KD 工厂分布在全球 20 多个国家和地区。

从全球商用车市场品牌分析，欧洲品牌占据重型商用车高端市场，如沃尔沃、奔驰等，对于中端市场，中国品牌的发展前景相当可观。对于广大发展中国家，诸如中西亚、印度以及非洲等，它们拥有巨大的市场潜力，这些地区的消费者会着重考虑商用车的价格，这也为中国商用车品牌带来了发展机遇。作为中国商用车生产中拥有最大规模的企业，福田汽车具有巨大的发展潜力。

6.1.2　福田汽车发展历程

自 1996 年福田汽车成立以来，从“百家法人造福田”开始，到实现“四年三大步”的历史性跨越，再到“2020 战略”的发布，实现了战略的不断升级。产品开发层面，零起步闯进汽车行业，实现从单一轻卡产品向商用车全系列发展跃升；在市场布局上，从立足中国逐步到着眼海外市场，连续多年蝉联中国商用车销量第一、连续两年居世界商用车销量第一、品牌价值超千亿。

从战略的不断升级来看福田汽车的发展。如表 6-1 所示，在经过“三大步”与“新三步”的快速发展之后，福田汽车成功抓住战略机遇，在 2011 年提出了“五大转型”战略——商用车低端向高端转型、商用类向乘用类转型、国内向海外转型、制造业向服务业转型、黄金价值链延伸，实现了跨越式发展。此次战略转型在十二五期间取得重大成果，中高端占比由十二五初期的不足 20%提升至目前的 78%，产品竞争力大幅提高，转型成果成效初显。转型只是“2020 战略”的第一步，紧接着福田汽车将目光聚焦在全球化发展上，逐渐落实“5+3+1”战略，“5”代表在 5 个国家设厂，分别是印度尼西亚、墨西哥、巴西、俄罗斯与印度，年产量都以 10 万辆为标准；“3”代表 3 个发达地区，包括日韩、欧盟和北美；“1”代表了将全球总部设在中国，并且创建全球运营、业务管理与创新中心，突出中国市场的核心地位。“2020 战略”的终极目标是建设世界级汽车企业，福田汽车计划到 2020 年，全球年销量突破 300 万辆，销售收入超过 3 300 亿元。届时，福田汽车将完成全球化市场和产业布局，成为世界知名汽车品牌并进入世界汽车企业前十强。

表 6-1 福田汽车的战略升级

战略	主要事件
“三大步”	第一步：1996 年，百家法人造福田
	第二步：1998 年，获得汽车整车目录，上海交易所上市
	第三步：1999 年，荣登轻卡全国销量榜首
“新三步”	第一步：2005 年，商用车全系列发展
	第二步：2008 年，经营国际化，发展新能源产品
	第三步：2009 年，商用车累计销量首次位居全球第一
2020 战略	第一步：2011—2015 年为战略转型阶段，“五大转型” 战略
	第二步：2016—2020 年为全球化发展阶段，“5+3+1” 战略

6.1.3 福田汽车品牌相关信息

（1）品牌定位：以最具人文科技的自主创新精神，通过联合全球智慧资源，开发高质量、低成本、绿色环保的个性化产品，为客户创造高品质的汽车福祉，促进社会发展，持续满足人类对人、车、自然和谐美好生活的追求。

（2）品牌内涵：国际化、科技化、人性化。

（3）品牌口号：科技 & 未来之美

（4）品牌个性：进取的、人性的、责任的、智慧的。

（5）品牌形象：国际化、自主创新、可信赖、责任感、领先的。

6.2 福田汽车行业背景

6.2.1 国内汽车行业品牌国际化发展现状

我国一直是汽车产销大国，到 2017 年连续十年居全球第一，2017 年销量达到 2 994.2 万辆，在世界汽车生产总量中占比 25%左右。自从加入世界贸易组织以来，我国汽车贸易快速发展，出口量从 2002 年的 1.7 万辆增长到 2017 年的 89.1 万辆，年均增幅达到约 30%。在我国汽车产量和销售量大幅增长的同时，我国的自主品牌汽车也快速发展起来，2015 年我国自主品牌乘用车销售 611.22 万辆，在各类乘用车销量占比为 42.23%。2016 年我国自主品牌发展迅速，为汽车产业发展做出了重要贡献，当年汽车总出口量达到 89.1 万辆。2017 年自主品牌乘用车共销售 1 084 万辆，在各类乘用车销量占比为 43.9%。销量前十名的自主品牌汽车是吉利、长安、长城、奇瑞、上汽（乘用车）、广汽传祺、比亚迪、众泰汽车、东风风光、北汽幻速，尤其在我国汽车销售市场上销售的商用车，大部分都是我国自主研发的品牌。近些年，随着更多国外品牌汽车的“走进来”，我国自主品牌汽车企业也积极“走出去”。截至 2017 年底，我国许多国产品牌汽车如奇瑞汽车、吉利汽车、长城汽车、长安汽车、东风汽车公司等都积极开拓国外市场，取得了一定的成功。尤其在“一带一路”倡议带动下，我国自主品牌汽车也出口到“一带一路”沿线国家，国外市场份额逐步扩增。

实现知识输出及品牌输出，才是我国自主品牌汽车走向国际化开展海外业务最有价值的一部分，真正体现了价值的输出。通过“借船出海、造船出海”认真贯彻落实国家“一带一路”倡议的战略构想，从单一的整车出口贸易模式，逐渐向多元化的“走出去”业务格局转变，带动汽车全产业链一起走出去，深度参与海外市场全价值链竞争。虽然自主品牌汽车发展势头良好，但世界 TOP 20 依然未见中国汽车品牌。撇开主流的欧美等发达地区，中国汽车品牌在所主要出口地的保有量与日韩欧美主要汽车厂商还是存在一定的差距的。因此需要对国产品牌汽车国际化经营存在的问题进行分析，并提出解决对策，以期促进自主品牌汽车在国际市场上的稳定发展。

6.2.2 国内汽车品牌国际化进入路径

我国自主汽车品牌的出口国家和地区已经达到了 180 个，并且汽车大多数出口到发展中国家，主要分布在非洲、南美、中东、亚洲等地区，占出口量总额的 80%；而 60% 的汽车零部件出口到韩国、日本、欧美等发达国家。

因此，在中国汽车出口居前列的企业的主要海外目标市场均集中在发展中经济体，如东南亚、非洲、拉丁美洲等。我国大多数汽车企业由于品牌的基础薄、产品档次不高等原因，在品牌国际化初期，都会考虑暂时摒弃高端路线，选择发展中国家作为目标市场，在部分区域，以“低价格，高价值”打开市场，创出品牌，然后再向发达国家中高端市场挺进。当然，除了企业自身实力的因素，政策支持和国外投资环境也是我国汽车企业选择海外目标市场时的重要影响因素。例如，自2001年底加入世界贸易组织到当前国家大力倡导的“一带一路”倡议，上汽通用五菱始终敏感地把握住国际经济形势和国家政策倾向，对外贸易始终是公司重点发展的业务模块之一。从一开始的个别市场到目前产品销往全球超过40个国家和地区，从新兴国家市场到欧美发达国家，上汽通用五菱整车出口数量每年超过7万台，CKD出口超过3万台，并在印度尼西亚建立生产工厂。印度尼西亚新工厂投产后，不仅仅面向印度尼西亚本土市场，还发挥辐射作用，成为上汽通用五菱面向东南亚的出口基地。上汽通用五菱很好地结合了自身实际和趋势所向，秉承以满足消费者需求为导向，运用日趋成熟的技术，快速回应市场的海外业务开拓方针。在充分发挥产品优势的同时，上汽通用五菱兼顾自身资源情况，有层次地培养市场，为不同目标市场制定了战略层面的进入次序。在海外市场开拓中，上汽通用五菱充分考虑了目标国政策的稳定性和市场规模的现状及发展前景。从国家因素分析，尤其是区位优势，上汽通用五菱把亚洲国家作为海外市场开拓的主要根据地，并以此为辐射，逐步向南美、中东、北非、欧洲、北美区域扩张。从产品构成上看，上汽通用五菱在海外市场从开始的五菱宏光到现在的五菱和宝骏全系列展开销售，极大地丰富了产品体系，以满足不同区域的不同消费群体对汽车的多样化需求。有数据显示，国际知名的跨国汽车公司，超过60%的生产销售都是在国外完成的。从新兴市场入手，上汽通用五菱通过借力通用汽车的国际市场影响力及合理的战略定位，成功地在国内车企“走出去”的队伍中走在了前列。在国内车市遇冷的大环境下，上汽通用五菱加快了海外业务拓展的步伐。基于印度尼西亚作为东南亚最大经济体的巨大市场潜力，上汽通用五菱斥重金把首家完全悬挂五菱标志的生产基地放在了印度尼西亚，通过前期对当地市场环境的预测，先期推出五菱宏光这一在国内热销的明星车型将会有利于其迅速打开市场，并希望能成功塑造自主品牌形象。

综上所述，中国汽车企业品牌国际化成长路径是一种动态的、有层次的递进过程。在品牌国际化早期，受到品牌知名度低、资金、核心技术等条件的限制，中国车企所出口的主要产品以低价低端车型为主。随之而来的问题也浮现出来，由于产品定位的近乎相同，我们的自主品牌汽车在海外的对手往往不是欧美日韩等传统汽车强势品牌，而是一同走出去的国内企业。然后通过与其他品牌合作、学习技术等手段之后，企业品牌竞争力得以提升，再向发达国家市场进军，与传统汽车强势品牌进行竞争，在世界汽车品牌中博得一席之位。

6.2.3 国内汽车品牌国际化成长方式

从宏观来看，中国汽车企业在进行品牌国际化过程中，大背景一致，所以路径选择都是从欠发达国家向发达国家进入，采用先易后难、逐步发展的渐进式与跨越式相结合的组合式成长路径。

从微观来看，不同国内汽车企业品牌综合实力不同，在品牌国际化路径的选择上，由于企业自身综合实力和进入的海外目标市场环境不同而有所不同。本书将品牌国际化具体成长方式分为五种：沿用原有品牌、贴牌生产、收购当地品牌、联合品牌以及新建品牌，下面分别进行分析。

沿用原有品牌，是企业的海外目标市场与国内市场制度距离近或者企业综合实力大时选择的一种成长方式。比如进入伊朗、巴西等地的奇瑞，就选择沿用原有品牌，在原有品牌的基础上推出不同的车型，在谋求战略转型阶段，向高品质、高内涵车型着力发展，出口车型也从此前的风云、QQ，一路换成了瑞虎 3、艾瑞泽 5 等，再到如今的瑞虎 7。

贴牌生产，是企业综合实力较小时常见的成长方式。比如五菱宏光在国外化身为贴牌车——雪佛兰 Enjoy，热销印度德里、孟买、加尔各答以及班加罗尔等城市。

收购当地品牌，是企业综合实力强、与海外目标市场制度距离远时会选择的一种成长方式。比如吉利汽车直接收购马来西亚宝腾汽车股份，进军东南亚地区。而吉利博越将由宝腾换标生产，这也将是吉利正式进军东南亚的首款车型。除此之外，吉利收购沃尔沃成为汽车史上最为著名的“蛇吞象”案例，作为国内一个并不那么知名的吉利却收购了一个瑞典的豪华品牌。如今，沃尔沃反哺吉利的成功让吉利成为自主精品的代表，不管是近期推出的博越、博瑞等重磅新车，还是热销的领克，都与沃尔沃紧密相关，同样也带动了沃尔沃在全球的销量。

联合品牌主要是企业综合实力强时常见的品牌国际化成长方式。比如福田集团于 2008 年 3 月与康明斯建立合作关系，由双方出资创立了福田康明斯发动机有限公司，现已成为全球领先的动力设备制造商，研发分支机构分布在中国、日本、德国等国家和地区。

新建品牌，是企业综合实力强而与海外目标市场制度距离较远时选择的品牌国际化成长方式。例如，前面提到的贴牌生产的五菱宏光出口到多个国家和地区，名称都会有所更改，比如，在埃及上市的五菱荣光车型就更名为 N300。

综上所述，我国汽车企业在品牌国际化中选择何种成长方式与其自己的战略规划有关，更重要的是与企业自身综合实力（企业内部资源、能力等）和目标海外市场的制度距离（政治法律制度、经济政策、人文状况等）有关。

6.2.4 国内汽车品牌国际化战略

我国汽车企业在拓展海外市场时，大多在品牌标识、品牌形象上与国内一致，但在营销、管理团队、价格上与国内市场有一些差异。因此，尽管不同企业在不同的目标导向下国际化战略可能有所差别，但是纵观我国大多数汽车企业品牌国际化进程中还是选择了前述标准—本土化的国际化战略。

例如，在国内外市场上品牌形象一致，但售价有一定差别。吉利是较早进入外国市场的中国品牌，2014 年全年，吉利汽车海外销量 59 721 辆，占总销量的 14.3%。在国内畅销的吉利帝豪，在海外的口碑和销量也不错。国产帝豪 EC7 的出口车型，起售价在 1 万英镑左右（约合人民币 9.9 万元）。相比国内 6 万多元的售价，贵了很多。奇瑞的一款热门车型瑞虎，在国内销量可观，在国外也受欢迎。它是第一款进入欧洲市场的国产 SUV，也是出口最多的国产 SUV。在国内最低售价 7.39 万元的瑞虎 3，在俄罗斯的报价为 504 000 卢布，折合人民币为 5.4 万元，比国内价格 7.39 万元要便宜一些。除此之外，自主品牌比亚迪携电动巴士 K9 在 2015 年成功登陆日本京都，比亚迪也成为中国历史上首个进入日本市场的自主汽车品牌。最初进入日本的那一批 K9 售价高达 500 万元人民币，国内售价则为 200~250 万元左右。截止到 2016 年底，K9 已经出口了 60 多个国家和地区。从比亚迪的热销我们能够看出，要想在汽车行业发达的国家站稳脚跟，只靠价格优势是走不通的，只有在技术上和产品性能上具有一定优势，才能真正赢得认可。

当然也有选择使用其他品牌形象实行完全本土化战略的企业。五菱宏光是大名鼎鼎的国产神车，即便在国外，它也是热销车型。只不过，五菱宏光在国外化身为贴牌车——雪佛兰 Enjoy，热销印度德里、孟买、加尔各答以及班加罗尔等城市。五菱出口到多个国家和地区，但名称都有所更改，比如在埃及上市的五菱荣光车型就更名为 N300。在价格上也与国内有所差别，其在印度售价 5.28 万元人民币，国内售价则为 4.18 万元。

综上所述，汽车企业在品牌竞争力、技术创新能力等企业综合实力不够强大，且与目标市场的制度距离较远时，选择本土化的策略是必不可少的。因为一个品牌想要在当地扎根生存，就要先通过本土化使消费者与企业之间有足够的机会双向了解，有益于消费者对企业的信任和品牌形象的建立，也可以为品牌的传播创造有利条件。

6.3 福田汽车品牌国际化发展

6.3.1 福田汽车品牌国际化发展路径探究

福田汽车在保持国内市场卓越发展的情况下，积极拓展国际市场，探索品牌国际化发展道路。在品牌国际化发展初期，福田汽车将目标市场锁定在印度、巴西、俄罗斯、印度尼西亚、墨西哥等发展中国家，在后续的国际化发展进程中，寻求新的目标市场，计划在发达国家和地区如美国、欧洲等实现部分销售。纵观福田汽车的发展状况，结合商用车行业发展的大环境，其品牌国际化路径的选择有据可循。

从外部因素来看，如果对全球商用车市场进行划分，最终可以归纳为两类，其一是发展中国家市场，其二是以发达国家品牌为主的高端商用车市场。然而，发展中国家市场却存在着庞大的需求量，也表现出巨大的市场潜力；发达国家在需求方面虽然增长有限，但其市场比较成熟，因此拥有较为稳定的需求。对于发达国家而言，汽车产业关乎国家利益，在所有产业中毋庸置疑成为核心，这也就导致发达国家设置了更多的贸易壁垒，从而增加了他国产品进入的难度。例如韩国，凡是进口车都需要缴纳高额的税费，这样韩国民众就不会花大价钱去买进口车，同时支持国货也会使消费者获得好的名声。而且，国内商用车行业在竞争激烈的国际市场中，不管是品牌还是技术方面都与最先进入行业的某些发达国家品牌有很大距离。因此在福田汽车的品牌国际化初期，中国商用车的产业国际竞争力并不强。

但在后来的发展中，从全球经济的外部因素来看，经济全球化进程稳步推进，企业国际化机遇不断呈现。我国加入世界贸易组织，企业的国际化进程也进一步加快，并且很多企业都积极开始融入全球经济中。在全球范围内，各个经济体已经有了较为稳定的政治格局与良好的经济环境，国家间越来越多自由贸易协定的诞生，也将促进彼此间贸易壁垒的消失，增进国际投资，使得各经济体的关系能够更加紧密。海外投资环境作为国际化进程中的重中之重，要求全球化战略实施过程中目标市场要在政治、经济环境等方面具有相当的稳定性，目标市场政府稳定、法律体系健全，是企业海外投资经营的根本保证。在有利的海外投资环境变化过程中，中国商用车的产业国际竞争力也在逐步增强。

从内部因素来看，“百家法人造福田”，成就了北汽福田集团从成立至今的高速发展。成立北汽福田集团的 100 家股东中，主要有两类厂商，其中之一是上游主机和配套部件厂家，共 55 家；另一类是下游经销商，共 45 家，分布在全国不同的省市自治区。这样形成了完整的价值链，构成生产分销全程覆盖生产营销格局，在生产技术和产品研发上具备这独一无二的优势，实现了规模效益并拥有了自己的价值链，而这种扩张方式还具有低成本的特点，从而提升了产品的成本优势，更有利于打开市场。福田汽车在国内拥有行业领导者的地位，已经具有一定竞争力，不管是其企业资源还是企业能力都远超其他国内企业。在国内的商用车市场上，福田汽车的表现已经非常出色，那么想办法去开拓国外市场成为其发展过程中的必然选择。

福田汽车在品牌国际化进入顺序中选择了从发展中国家到发达国家，其品牌国际化进程始于 2002 年。福田汽车凭借着产品的高性能与低价格的优势，于 2002 年逐步开始出口，至 2010 年销量创新高，其销售区域包含了南亚及东南亚、非洲、东欧等，多数为发展中国家，海外销售点达 80 余个，其中销量较大的国家国相继建立了 CKD 工厂（汽车已完全拆散的状态进入目标市场，之后在当地组装成整车），如巴基斯坦、乌克兰、越南、菲律宾等。

福田汽车作为一个竞争力较强的企业，在选择品牌国际化路径时，初期主要受到产业国际竞争力较弱的限制，选择了平行国际化的进入路径。即选择进入一些发展中国家，如印度、巴西、俄罗斯、印度尼西亚、墨西哥等国家的市场成为福田汽车品牌国际化的第一步选择，因为在这五个国家最有可能实现产业国际化。之后，在发展中国家的品牌拓展中，福田汽车在国际市场上逐渐积累了一定的品牌知名度，在全球经济化和“一带一路”等的支持下，产业国际竞争力也逐步提升，福田汽车适时地将下一步发展的市场锁定在发达国家和地区，计划在美国、欧洲等地实现部分销售。到 2020 年的时候，企业的目标是品牌商用车跻身世界主流，从而向更高层次发展，一方面能够实现商业价值，另一方面也加强人文环保的重视，为企业贴上“国际知名企业”的标签，全面落实福田汽车“5+3+1”战略。

6.3.2 福田汽车品牌国际化成长方式

在选择了品牌国际化进入路径、确定了目标市场之后，福田汽车需要进一步考虑的就是如何进入该市场，即品牌国际化成长方式。福田汽车在品牌国际化进程中的大事件见表 6-2。

表 6-2 福田汽车品牌国际化大事记

时间	事件主要内容	制度距离	成长方式
2003 年 9 月	与戴姆勒·克莱斯勒集团达成战略合作	远	联合品牌
2004 年 9 月	在塘沽生产的 668 辆轻型和重型卡车，外销至南欧、北非市场	近	沿用原有品牌
2008 年 3 月	与康明斯建立合作关系，由双方出资创立了福田康明斯发动机有限公司	远	联合品牌
2008 年 8 月	戴姆勒达成合作意向，使用欧曼品牌并成立中重卡公司	远	新建品牌
2009 年 6 月	福田康明斯公司，启动 40 万台发动机生产任务，逐步构建全球化产品体系	近	沿用原有品牌
2010 年 6 月	福田汽车在欧洲成立事业部	远	沿用原有品牌
2011 年 4 月	北汽福田汽车印度营销有限公司成立	近	沿用原有品牌
2011 年 9 月	同巴基斯坦政府建立了合作关系，签订一份城市公交战略合作备忘录	近	沿用原有品牌
2012 年 2 月	北京福田戴姆勒汽车有限公司成立	近	联合品牌
2012 年 3 月	福田汽车肯尼亚销售有限公司成立	近	沿用原有品牌
2013 年 6 月	北汽福田就商用车项目与美国康明斯公司在巴西签约	远	联合品牌
2013 年 6 月	与古巴交通部签订合作协议，在当地设立了汽车生产厂，即北汽福田新能源汽车厂	近	沿用原有品牌

结合福田汽车的品牌国际化进程中的事件，对其品牌国际化发展方式进行分析，发现主要有以下三种发展方式：

6.3.2.1 沿用自有品牌

福田汽车在刚建成时，借助百家法人改善了其在整合资源方面的困境，而后又借助上市解决了资金问题。在商用车生产商上选择了当时市场的空档——1.5t 轻卡。福田商用车轻卡销量保持在国内第一位置。2001 年，福田汽车开始进入中重型卡车研发领域，开启了全系列商用车综合发展阶段。其间福田汽车对方案可行性做出详尽分析确保可行后又对中期资源配置做出规划，最后确保各职能机构能够高效地工作、沟通。

福田汽车凭借着产品的高性能与低价格的优势，逐步开始以自有品牌出口，2002 年出口 500 辆，到 2014 年出口 5.43 万辆，与 2013 年同比增长 14%，出口量逐年递增。其中 2008 年受美国次贷危机影响，全球经济都受到影响，致使商用车在后半年需求量锐减。2009 年出口量就急剧下降，当年商用车销量跌到 4 500 辆，出口销量同比下降到 4.13%，但仍在中国汽车出口排名中位居第二，2010 年福田汽车销量再创新高，全年实现销售 68.2 万辆。其销售区域包含了亚洲、非洲、东欧等。到 2008 年时，福田汽车已经连续五年在商用车行业中销量第一，成为我国国产汽车行业中自主品牌的中坚力量。

6.3.2.2 新建品牌

福田汽车在品牌国际化进程中还使用了国际战略联盟的方式将品牌打入其他国家市场。国际战略联盟是企业国际化的一种高级方式，全球汽车行业多数采用战略联盟方式进行扩张，如大众和一汽、上汽的联盟。这种模式在某种程度上也适用技术换市场，合作各方资源互补，技术发达企业出让技术与当地市场企业合作，进入本国市场，合作双方分担市场风险共享收益。

2006 年 4 月 28 日，由福田汽车与潍柴动力、德国博世公司、奥地利 AVL 公司，形成战略联盟，极大地促进了福田汽车国际化战略的实施。战略联盟中四方各负其责，配合生产，德国和奥地利公司提供技术和资源，福田、潍柴集团研发新产品，新产品以潍柴欧 V 动力为品牌。在产品创新过程中它们所注重的领域各不相同，其中 AVL 集团负责相关的技术，潍柴集团负责解决动力问题，博世集团主抓电子控制系统，最后整车相关技术则由福田汽车负责，在国际市场中北汽福田集团占据着重要的地位，其所生产的汽车也是远销世界各国。

2010 年，由福田汽车、IBM 公司、AECOM 公司、伊顿公司、中信国安盟固利公司和大洋电机 6 家企业成立了新能源国际联盟。福田汽车通过合作可以学到先进的新能源技术。福田汽车通过国际战略联盟的方式，建立新的品牌更好地完成了品牌国际化。

6.3.2.3 联合品牌

2008年3月26日，福田汽车的第一家中外合资企业北京福田康明斯发动机有限公司成立。两家公司各出资50%，福田集团与康明斯联合成立的公司成为我国最大的发动机生产企业。康明斯公司具有全球一流的柴油发动机技术科技，合资企业成立后，福田旗下系列商用车将具备更先进的动力系统。这对福田商用车整体提升作用是巨大的，也让福田汽车有了冲击发达国家市场的能力，这对积极参与国家化经营的福田汽车有着重大的战略意义。合资的目的是各方企业本着互利共赢的态度，康明斯公司的战略目标是大力开发中国市场，与福田汽车的合作是互惠共赢的。

福田汽车同戴姆勒公司在签订合资合同时，经历了曲折的过程。早在2003年两家公司就达成了合作共识，订立协议，共同打造北京奔驰这一品牌产品。之后一年，由于国务院出台了《汽车产业发展政策》新规定，使合资模式能够接纳外资企业投资，然而在外资企业投资数量上予以限制，不能超过两家，而福田汽车先行同其他两家企业订立合同，其同戴-克公司的合资计划被搁置。到了2007年，戴-克公司一分为二，随后戴勒姆公司从亚星—奔驰项目退出，与福田汽车在2008年8月再次确定合作意向书，建立合资公司，主要用于生产研究中重型卡车。在技术上得到了戴勒姆公司的支持，福田汽车旗下商用车福田欧曼缩小了与世界一流重型卡车的差距，福田汽车对发达国家的出口也更有底气，能够利用戴姆勒公司的销售网络，来提升销量。福田汽车通过合资不但可以向戴勒姆公司学习先进的技术同时还能学习对方先进的管理模式，从而提升了自身的管理水平，改善了企业实行国际化战略中的不足。两家企业在2012年2月份终于完成了合资，成立了今天的北京福田戴姆勒公司汽车有限公司。

从企业内部因素来看，福田汽车通过海外研发机构不断提升自己的企业综合实力。所谓海外研发机构，是指位于发达国家区域内的，以研发产品作为首要任务的机构类型，其最终的目的还是面向市场推销产品，同时引进海外高科技人才不断增强企业的自主创新能力。发达国家知名企业早已着手建立海外研发机构，而我国企业在这面起步较晚。福田汽车已经拥有了20年的发展历史，其研发机构在国际上很多区域都有。不断探索先进的技术，通过与其他企业合作学习新技术，在核心技术方面取得突破，例如在新能源领域。2009年，福田汽车收购了一家日本汽车研发机构的全部股权。日本福田一跃从二级子公司成为一级子公司。福田汽车有了在日本的研发机构，为公司引进科技人才，提高研发实力。后来福田汽车制定出“2020战略”，计划在德国建立研发机构，希望通过此举与世界先进汽车企业拉近距离提升自身研发能力，并在当地市场为企业招揽人才。

综上所述，福田汽车自身通过建立国外研发团队，学习国外先进技术并聘请国外高精尖人才，改善产品质量提升企业口碑，增加国际市场占有率，提升企业综合实力。在品牌国际化初期，在进入发展中国家时，由于制度距离较近，以沿用原有品牌为主要方式进行品牌国际化发展；到了后期进入发达国家时，制度距离较远，则以国际战略联盟、建立合资公司为其国际化战略主要方式，以联合品牌和建立新品牌为品牌国际化的主要发展方式。

6.3.3 福田汽车品牌国际化战略

在锁定目标市场、确定如何进入目标市场之后，如何在目标市场成功经营与发展是福田汽车面临的新问题，即如何可实施品牌国际化战略。我们从策略和战略两个方面来分析福田汽车的品牌国际化战略。

福田汽车在策略选择上，究竟是标准化还是本土化？首先，福田汽车遵循了生产本土化。福田汽车在一些国家的目标市场实现了生产本土化，如在巴基斯坦、乌克兰、越南、菲律宾等销量较大国家相继建立了CKD工厂。针对是否在印度投资建汽车制造厂的问题，福田汽车于2011年10月召开董事会商讨，结果全票通过。此项提议之所以能够全票通过，一个原因是可以避开高额关税，减少企业的生产成本，提升福田汽车的利润空间。根据数据显示，印度已经成了商用车全球第四大市场，其所体现出来的市场潜力无疑是可观的。汽车市场年均进口额达到30多亿美元，而印度政府为了保护本国汽车企业和国民就业制定关税对整车进口高24%，福田汽车要想压低售价在印度市场上站稳脚跟，就必须在印度本土投资建厂将部分生产转移到印度国内去，才能进入印度市场。另一个原因是在当地建工厂也可以大幅提升福田汽车在当地的品牌竞争力。

其次，福田汽车遵循了品牌营销本土化。在市场管理、营销渠道与营销售后方面，福田汽车遵循了本土化的策略。例如福田汽车在俄罗斯成立了全资子公司，主要负责东欧市场管理，并在当地建立了销售管道，提供售后服务保障等。在全球范围内，福田汽车的服务站超过了 770 个，一级营销商 240 个以上，二级销售网点达到了 980 多个，产品更是远销到 90 多个国家与地区，其海外销售服务体系相当完备，在业内享有很高的知名度，大大提升了其在当地的品牌竞争力。

最后，福田汽车还遵循了管理团队本土化。福田汽车在海外的管理层以及员工绝大部分是本地的人才，运用本土化人才，为当地创造了大量的就业岗位。如在墨西哥市场上，福田汽车于2009 年创建了福田 Morelia 子公司，建设了年产能 5 万辆的组装厂，创造直接就业岗位 1 000 个，间接岗位 3 500 个。管理团队本土化，是让更了解目标市场的管理者与员工来做市场决策。因为相对来说，本土员工对消费者的消费观念与消费偏好更为了解，可以使产品更好地向目标市场传播，增强人们对产品了解，更准确地建立品牌形象。

除此之外，福田汽车在海外销售的产品不管是在定位还是品牌形象的塑造上通常都是与国内产品一致的，海内外市场使用统一的品牌标识，即实现品牌标识的标准化。品牌标识的标准化有利于企业品牌在品牌国际化进程中的传播。

综合来看，福田汽车采用的是标准—本土化战略。即在品牌形象和品牌定位等重要的要素上实行统一的标准化，在营销要素（如产品、广告等）均根据当地市场需求进行调整。标准—本土化战略使福田汽车在有统一标准的同时更符合当地市场的需求，也更符合企业的发展战略。

6.4 福田汽车品牌国际化展望

福田汽车自1996年成立以来，1996—2001年是发展第一阶段，整合产业链，上市解决企业资金问题，将企业重点产品放在商用车上，确立国内商用车市场优势。发展第二阶段是2001—2010年产品上设计研发出全系列商用车，逐步开始产品出口，为国际化战略实行打基础。第三阶段2010—2020年，加速全球市场建设脚步，建立海外研发机构，开办子公司、建设国外工厂形成世界销售网络，也为目标市场产品售后服务做好了保障。与康明斯公司、戴姆勒公司进行合资合作形成战略联盟，向合作方学习先进生产技术和管理技术为企业日后发展打下了坚实基础，向企业目标积极靠近。

但在品牌国际化稳步前进的过程中，福田汽车也面临着一些挑战。首先是选择经销商的问题。汽车经销商是针对厂商授权，能够拥有销售汽车并提供相应服务权限的汽车企业，作为厂商同消费市场间的中介发挥作用。经销商同厂商间的合作关系会直接影响到市场效果，因此必须重视两者间关系的建设。现阶段国际市场上的销售基本上由经销商形成网络重心。而经销商很可能同时兼有其他品牌的营销，那么国内汽车整体上看不具备竞争力，就难以形成较高的议价权。且售后系统的打造又还不成熟，更不利于企业维护口碑。而经销商还受到海外国家的保护，那么双方都必须形成风险意识，并且熟悉对方国家相关政策内容。另外，关注行业内其他操作模式效果，从而引申到自身建设。福田在经销商的选取方面尚有不足。举例来说，在巴西市场，企业所签合作合同方面同国内的存在明显差异，即双方权责不对等。究其原因，在于其国家主张对经销商实行保护，假如他国要提出解约合作合同，往往要颇费周折。国际化执行之初，缺乏足够的资本实现直接投资，因而会借助授权方式来完成目标，这时经销商背后的一系列政策，都能够对企业营销及收益构成影响，必须慎重选择。另外对经销商的培训及激励仍然是必要的。加强双方的合作理念，维护良性关系，才能够促进双方对风险的规避。

其次，福田汽车须在掌握核心技术、塑造品牌形象上继续努力。几十年以来，我国汽车产业的发展都是建立在引进外资和技术上，通过 CKD 的模式来促成一个汽车生产大国，但却缺乏最重要的核心研发技术。福田汽车的品牌竞争力还需要进一步的提升，尤其是在发达国家。要加强品牌管理，要制定科学合理的品牌战略计划，并坚决执行和推动；通过广告等品牌传播途径来扩大品牌知名度。尤其重要的是，品牌就是消费者的口碑，汽车企业必须要严格把控产品的质量和性能，同时车辆外观设计上还要不断顺应潮流，以获得消费者的认可。

7

北京市上市公司品牌国际化研究结论

7.1 企业品牌国际化发展面临的问题

我国企业大力发展品牌国际化战略，既是实现我国经济可出续发展的客观要求，又是我国企业获得国际竞争优势的内在需求。自2013年中国首次提出“一带一路”倡议，我国大力支持企业进行全球扩张，加强对外投资合作，为我国过剩的产能寻找海外市场。为了让中国的企业实现企业的国际化与品牌的国际化，中国政府在国家战略层面上给予了强有力的支持，中国企业的品牌国际化战略也成为中国经济进行转型升级的重要实施途径。

虽然我国的一些强势品牌，比如福田汽车、小米公司等，在全球营销过程中具有一定影响力，但这些品牌在国际化进程方面仍进展较慢。从根源上来看，主要在于企业没有把握好实施品牌国际化所必需的一些策略。除此之外，还遭遇宏观层面的一些阻碍。我国品牌国际化目前面临的问题可以总结为以下几点。这些问题的存在很大程度上阻碍了我国品牌国际化的进程，需要企业在国际经营活动中逐渐克服和解决。

7.1.1 品牌意识淡漠，观念陈旧

从许多发达国家品牌的发展情况来说，大部分企业重视企业的品牌价值，其品牌发展历史悠久。但从我们国家品牌的发展角度来说，自改革开放后，我国企业步入了发展的新起点，但至今40多年的历史中，许多国内企业，尤其是中小企业的品牌意识仍然十分淡漠，还有很多的企业依然没有认识到品牌在企业整体战略中的重要性。而且对品牌与商标之间关系的认识不清也是阻碍我国品牌发展的重要因素。商标的本质是对品牌的体现，一般来说需要长时间的凝练，而且具有法律效力。我国的部分企业在最初创立时期往往难以掌握自己的商标权，会被他人抢先注册。在这种情况下，企业就非常被动。企业要么花巨资将商标赎回，要么创立一个新商标，但这样往往会丧失原有的客户。因此，我国对国际惯例、规则以及先进理念的缺乏以及知识产权保护意识的淡薄将使我国企业的品牌在国际化竞争中处于不利的地位。

此外，相对于发达国家品牌的发展历史，我国企业要在如此短的时间建立世界级的品牌极为困难。因为品牌建设不是一朝一夕可以完成的，而是需要足够的时间提高企业的知名度。但这也并不意味着所有成功的品牌都必须经历多年的积累，从部分国际知名品牌的发展实情来看，短期内成名的品牌也比比皆是。例如微软、雅虎、星巴克、苹果等这些知名的品牌形成的时间也仅40余年。从上述企业的发展历程来看，品牌时间的长短不应成为品牌国际化过程中不可逾越的障碍。企业可以通过高质量的产品适应消费者需求，进而通过准确独特的国际化定位、符合消费者价值观的广告及公关推广对品牌实现自始至终的维护以及管理，最终实现品牌的国际化发展。

7.1.2 品牌实力不足，缺乏知名度

品牌的国际化往往需要企业在广告宣传等方面投入大量的资金，以实现品牌的传播。发达国家的大多数企业凭借自身强大的资金实力赢得了世界范围内不同文化背景的消费者的信赖，而这是我们国家企业难以实现的。我国大部分企业面临着品牌规模较小、资金不足等困境，这在一定程度上束缚了企业品牌的传播，影响企业品牌的发展速度。

全球知名品牌往往会通过冠名一些在本土化市场影响巨大的项目来宣传自己的品牌。以知名品牌在中国市场宣传为例，耐克和阿迪达斯一直是中国运动赛事的赞助者。这些公司充分运用其资金实力以发展自身的品牌。相比之下，我国企业虽然有了多年的发展，但由于时间较短、基础较差、资金不足等原因仍无法在品牌宣传和推广上与国际知名品牌一争高下，从而使我国品牌国际化的进程减缓。

此外，在企业进入到目标市场时，需要做好打持久战的心理准备和坚定决心。因为目标市场对于企业来说是完全陌生的，企业对目标市场相关信息的了解需要一个过程。因此，品牌的引入过程是必不可免的。而在此过程中，实力强大的企业往往会以其经济实力作为后盾，即利用其他的盈利来支持品牌国际化的发展。但我国企业在经济实力方面稍显逊色，而且面临着同一目

标市场的竞争，发达国家更不会轻易地拱手出让市场份额。所以，中国品牌国际化的成功任重而道远。

纵然资金问题会对我国的企业品牌国际化进程产生一些影响，但不会成为我国品牌国际化进程的绝对障碍。因为对于所有的品牌来说，其成长的过程都是从小到大、从弱到强的过程。我国实力较弱的企业可以通过战略合作联盟以及兼并收购等形式进行扩张，整合企业内外部相关资源，实施合适的品牌国际化战略。

7.1.3 品牌道德不佳，声誉较差

品牌代表一个企业对消费者的承诺，是消费者表示对企业认可与信任的直接表达方式。而我国企业品牌在国际上通常缺乏信誉度与忠诚度，甚至许多国内的消费者在对本土化和国外品牌比较时也会由于各种原因从而选择其他国家的品牌，这使得我国品牌的国际化道路更加艰难。造成我国品牌声誉较差、难以赢得消费者信任的原因主要包括两方面。

首先，与发达国家相比，中国作为发展中国家，消费者往往更信赖发达国家具有更高品质的产品。我们必须清楚地认识到与发达国家的差距。我国在综合国力、技术力量、经济实力等方面尚且不能和发达国家同日而语，因此，企业的产品与服务作为一个国家实力的表现形式也会有所不同。大多数消费者通常会出于对技术、质量等方面的考虑从而选择发达国家的产品。

其次，产品仿制品较多，在国际市场的声誉较差。仿制品的泛滥导致中国企业品牌的信誉度逐渐下降，国内消费者尚且不能信任该品牌，更何况是国外的消费者。我国品牌不仅仅是因为技术、品质的落后而无法赢得消费者，更多的原因是因为信誉问题导致许多企业品牌难以建立。在这种背景下，企业在实施品牌国际化战略时应该认清现实，并根据企业自身的情况，制定合理的战略。本质上，我国企业应该持之以恒向国际市场提供优质的、符合国际产品标准的产品，从而赢得国际消费者的喜爱。

7.2 建议与对策

在当今经济全球化发展背景下，基于对北京市上市公司品牌国际化发展过程中的问题、路径及战略的分析，并借鉴小米公司和福田汽车品牌国际化的成功经验，本研究从宏观和微观两个视角，提出了如下关于企业品牌国际化发展的相关建议和对策。

7.2.1 宏观方面

宏观角度下，建议制定和调整一些利好政策和法规，以适应中国企业逐渐国际化的发展趋势，以支持以及构建国家良好品牌形象，为中国企业品牌的国际化发展提供基础。

7.2.1.1 **健全法律法规，完善市场制度环境**

需要积极推进体制机制的改革为企业品牌的成长提供良好的市场环境条件。首先，我国国有企业是品牌国际化发展的主力军，因此，需要积极推进国有企业改革，加快现代企业制度的建立。同时，为促进中小企业品牌国际化的发展，需要给予更多的政策支持，为企业走向国际创造公平与效率兼备的市场经济制度环境。其次，我们要努力提升国际地位，打破地方的保护主义，拆除一切针对中国企业的进入壁垒与制度障碍，促进公平竞争，使我国企业在内外竞争体制的共同作用下，通过优胜劣汰，依靠自身能力的提升成为国际化品牌，推动我国企业“走出去”的进程。企业之间竞争不足以及垄断手段是企业难以成长为世界品牌企业的重要制度原因。最后，完善法律法规体系和执法监督制度，加大知识产权的保护力度，严厉打击对企业品牌的知识产权、专利技术、商誉等方面的侵权行为，严厉打击假冒产品，创造有利于企业品牌发展的市场法律环境，维护品牌的权益，进而保护和提高企业进行品牌国际化的积极性。

7.2.1.2 **制定扶持政策，加大扶持力度**

首先，国家需要规范制定产业政策规则，并及时根据国内外形势的变化进行调整、补充，以促进各产业协调发展；其次，需要通过制定财政税收等一系列配套政策建立品牌国际化传播的激励机制；最后，要加强舆论宣传，引导国民民族品牌意识的构建。

我国较早实行国际化的一批企业，目前已经到了一个新的发展阶段。早年进入国际市场的企业已逐渐探索出一条适合自己的国际化道路，并实现良性发展。这些企业在一定意义上都已经成长为名副其实的世界级企业。但相较于发达国家的知名品牌，其领导力和号召力尚有差距。在我国先锋企业继续扩张之际，却遭受到主流市场的层层阻力。近年来，国家安全与专利侵权已成为主流市场阻挡中国企业国际化主要原因。在中国企业品牌国际化发展的新阶段，要想促进企业的国际化进程，就要扫清企业国际化发展的障碍。建议通过采取一些手段与目标市场形成相互制衡的体制，营造利于保护中国企业发展的专利环境，以此增强与发达国家的博弈能力。

7.2.1.3 提升国家品牌形象，构筑国家品牌软实力

塑造国家品牌，对推进企业品牌国际化具有战略性意义。国家是塑造国家形象的主体；外部公众是认知形象的客体。一方面，国家（主体）会对公众（客体）展开国家形象的塑造与传播；另一方面，社会公众会对国家形象进行评价。事实上，国家形象就是通过这种不间断的循环互动中形成、发展和变化的。对国家品牌进行塑造，最主要的方面在于提炼国家身份以及核心价值观，并将这两点映射到国际社会，塑造获得国际社会认同的国家形象。国家品牌是民族特征与核心价值的提炼，是一个国家在进行品牌形象传播时，所表现出来的主体精神与鲜明特性。围绕国家品牌进行品牌国际化的反复输出与传播，强化外界对其的深刻认知与记忆，会产生更加深刻的效果。

7.2.2 微观方面

在微观层面上，中国企业需要加速改革，建立良好的企业治理机制，增强企业的品牌竞争优势，要抱团取暖，共享共赢，共同促进品牌国际化发展。

7.2.2.1 规划企业品牌发展战略，建立国际化组织管理模式

企业的发展不仅要关注眼前的运营，更要关注企业的未来发展战略。只

有在保持现有业务稳定的同时积极谋划企业的未来，才能使企业成长为具有竞争优势的国际化企业。由于我国企业长期以来品牌意识不足，品牌战略短视，没有重视企业品牌的发展战略。使部分企业品牌定位与核心能力脱节，品牌价值成长缓慢。最终导致企业难以成长为基业长青的国际性品牌企业。企业的管理层应该着眼于未来，将企业的品牌建设纳入企业的发展战略中，指引企业进行品牌建设。

品牌的战略规划从根本上决定了中国企业品牌国际化的大方向，而组织的管理体制则从根本上决定了企业品牌国际化的兴衰成败。我国目前形成的管理规范与组织能力都是在我国发展的背景下形成的，带有中国商业文化的影响，使得我国企业在创建国际知名品牌的过程中很难适应不同文化、国际竞争环境与市场运行要求。因此，我国企业要积极学习西方现代管理手段和管理方法，努力形成适合自身的、具有融合性的新兴企业管理模式。从而为中国品牌适应现代国际化市场打下扎实的基础。

7.2.2.2 企业自主创新，塑造品牌新理念

改革开放初期，中国以低廉劳动力成本为依托成为世界的加工工厂。但随着我国经济的不断发展，人力成本逐渐升高，中国的经济增长模式发生了转变。目前我国一些产业仍面临着自主技术创新能力弱、核心技术缺失等问题。因此，我国企业必须重塑创新理念，后发而先至：一方面，企业应该深入挖掘市场需求进行产品创新。我国的品牌要进军国际市场，最重要的是迎合目标市场消费者的需求。由于世界各地消费群体的需求存在着巨大的差异，因此，企业在进行品牌国际化时首先要做到了解市场，跟踪全球市场不同的消费需求，然后发现需求并通过创新产品满足需求。另一方面，企业要积极创新商业模式。商业模式作为一种新的创新形态，其重要性已经不亚于技术创新。经研究表明，我国部分企业开始通过商业模式二次创新、成本创新、重构价值主张等方式进行改善，进而更好地实现企业的品牌国际化。

7.2.2.3 企业间开放共享，优化品牌国际化发展

2018 年 5 月 10 日，在广东省政府多个部门支持下，由广东省企业品牌建设促进会、全国品牌社团联席会、品牌中国战略规划院等发起，联合诸如华

为、中兴、格力、美的、TCL、志高、格兰仕、腾讯、万和、长隆、广药、广汽等中国知名品牌，共同组建了中国品牌国际化联盟。联盟以各知名品牌企业为主体，包含政、学、产、媒、商协会等，主要从事跨界公益服务，包括企业品牌研究探讨、策划运营咨询、学术交流、政府关系协调、融投资服务、价值评估、法律维权服务、展示展览、宣传推广等服务。

中国各企业品牌要抱团取暖，发挥各自优势，尽快树立中国自主品牌的国际形象和地位，要共享发展经验，降低品牌“出海”成本和犯错误的概率。比如可以成立企业品牌国际化服务平台，为企业快速跨过“全球品牌关”提供指导和帮助，护航企业品牌顺利出海。

中国知名经济学家厉以宁先生曾经断言：当代中国改革面临的一个问题是如何在国际上打响中国产品品牌。面对国际形势的变换，我们要抓住时代机遇，践行品牌强国战略，尽快成长起一批产品和服务卓越、文化附加值高、能够代表中国参与世界市场竞争的中国品牌。

参考文献

[1]Aaker. The negative attraction effect? A study of the attraction effect under judgment and choice[J].Advances in Consumer Research,1991,18 :462-469.

[2] Agrawal M. Review of a 40-year debate in international advertising: Practitioner and academician perspectives to the standardization/adaptation issue [J].International Marketing Review,1995,12(1): 26-48.

[3]Alashban A A,Hayes L A,Zinkhan G M,et al.International brand-name standardization/adaptation:Antecedentsand consequences[J].Journalof international marketing,2002,10(3): 22-48.

[4]Altuntas C,Turker D.Local or global: Analyzing the internationalization of social responsibility of corporate foundations[J].International Marketing Review, 2015,32(5): 540-575.

[5]Balassa B. Trade Liberation and Revealed Comparative Advantage[J].The Manchester School of Economic and Societal Studies,1965 (33) : 99-123.

[6]Barkema H G,Bell J HJ,Pennings J M. Foreign entry,cultural barriers,and learning[J].Strategic Management Journal,1996,17(2): 151-166.

[7]Barney JB.Firm resources and sustained competitive advantage[J].Journal of Management,1991,17(1): 99-120.

[8] Bennett R, Blythe J. International Marketing: Strategy, Planning, Market Entry and Implementation[M].London:Kogan Page Business Books,2002.

[9]Bowles S,Gintis H.Power and wealth in a competitive capitalist economy [J]. Philosophy&Public Affairs,1992,21(4): 324-353.

[10]Burgel&Murray,G C.The international market entry choices of start-up companies in high-technology industries[J].Journal of International Marketing,

2000,8(2):33-62.

[11]Burmann C,Riley N M,Halaszovich T,et al. International Identity-Based Brand Management [M]. Identity - Based Brand Management. Springer Gabler, Wiesbaden,2017.

[12]Buzzell R D.Can you standardize multinational marketing? [J].Reprint Service,Harvard business review,1968.

[13]Cavuagil ST. On the Internationalization Process of Firms[J].European Research,1980(8):273-281.

[14]Chang S J, Rosenzweig P M. The Choice of Entry Mode in Sequential Foreign Direct Investment[J].Strategic Management Journal,2001,22 (8) :747-776.

[15] Chhabra Surjit S. Marketing Adaptations by American Multinational Corporations in South America[J].Journal of Global Marketing,1996,9 (4) :57-74.

[16] De Chernatony L, Halliburton C, Bernath R. International branding: demand - or supply-driven opportunity? [J]. International Marketing Review, 1995,12(2): 9-21.

[17]Delios A,Henisz W J. Political Hazards,Experience,and Sequential Entry Strategies:The International Expansion Of Japanese Firms,1980-1998[J].Strategic Management Journal,2003,24(11):1153-1164.

[18]Delios A,Henisz W J. Policy Uncertainty and the Sequence of Entry by Japanese Firms,1980-1998[J].Journal of International Business Studies,2003,34(3):227-241.

[19]Dikova D,Brouthers K.International establishment mode choice: Past, present and future[J].Management International Review,2016,56(4): 489-530.

[20] Douglas S P, Craiga C S, Edwiu JN. Executive Insights: Integrating Branding Strategy Across Markets: Building International Brand Architecture[J]. Journal of International Marketing,2001,9(2): 97-114.

[21] Eisenhardt KM. Building Theories from Case Study Research [J]. Academy of Management Review, 1989, 14(4):532-550.

[22] Erramilli MK.The Experience Factor in Foreign Market Entry Behavior of Service Firms[J].Journal of International Business Studies, 1991, 22 (3) :479-501.

[23] Forsgren M. The Concept of Learning in the Uppsala Internationalization Process Model: A Critical Review[J].International Business Review, 2002, 11(3): 257-277.

[24] Fournis Y.The markets of Europe or the European market? [J].Business Horizons, 1962, 5(4): 77-88.

[25] Francis J N P, Lam J P Y, Walls J.The impact of linguistic differences oninternational brand name standardization: A comparison of English and Chinese

brand names of Fortune-500 companies[J].Journal of International Marketing, 2002, 10(1): 98-116.

[26] Friedmann J. Four theses in the study of China's urbanization [J]. International journal of urban and regional research, 2006, 30(2): 440-451.

[27] Gatignon H, Anderson E.The Multinational Corporation's Degree of Control over Foreign Subsidiaries: An Empirical Test of a Transaction Cost Explanation[J]. Journal of Law Economics & Organization, 1988, 4 (2) :305-336.

[28] George M, Freeling A. Reinventing the marketing organization [J]. The McKinsey Quarterly, 1994 (4): 43-62.

[29] Gerpott T J, Jakopin N M.Firm and target country characteristics as factors explaining wealth creation from international expansion moves of mobile network operators[J].Tele communications Policy, 2007, 31(2):72-92.

[30] Hashai N, Almor T. Gradually internationalizing "born global" firms: an oxymoron? [J].International business review, 2004, 13(4): 465-483.

[31] Hofsted G. Motivation, leadship and organization: Do American theories apply abroad[J].Dynamics, 1980(9):42-63.

[32] Holt D B, Quelch J A, Taylor E L.How global brands compete[J].Harvard

business review,2004,82(9): 68-75.

[33]Jain S C.Standardization of international marketing strategy: some research hypotheses[J].The Journal of Marketing,1989,53(1): 70-79.

[34]Johanson J,Vahlne J E.The internationalization of the Firm-Four Swedish cases [J].Jouranal of management studies,2010,12 (3) :305-323.

[35]Johanson J, Vahlne J E.The Internationalization Process of the Firm: A Model of Knowledge Development and Increasing Foreign Market Commitments[J]. Journal of International Business Studies,1977,8 (1) : 23-32.

[36] Johanson J, J E Vahlnc.The Mechanism of Internationalization [J]. International Marketing Review,1990,7(4):11-24.

[37]Johnson J, Wiedersheim-Paul F.The internationalization of the firm-four Swedish cases[J].Journal of Management Studies,1975,12(3): 11-24.

[38] Karakaya Fahri, Stahl Michael J. Barriers to Entry and Market Entry Decisions In Consumer An[J].Journal of Marketing,1989,53(2): 80-91.

[39] Karagozoglu, Necmi Lindell, Martin. Internationalization of small and medium-sized technology-based firms: an exploratory study[J].Journal of Small Business Management,1998,36(1): 44-49.

[40] Katsikeas C S, Samiee S, Theodosiou M. Strategy fit and performance consequences of international marketing standardization[J]. Strategic management journal,2006,27(9): 867-890.

[41] Keller K L. Strategic Brand Management: Building, Measuring, and Managing Brand Equity[M].Upper Saddle River,NJ: Prentice Hall,2013.

[42]Keller K. L.Strategic brand management[M].Upper Saddle River,NJ: Prentice Hall,1998.

[43]Keller K L.Brand synthesis:The multidimensionality of brand knowledge [J]. Journal of consumer research,2003,29(4): 595-600.

[44]Kimura.Firm-Specific Strategic Advantages and Foreign Direct Investment Behavior of Firms: The Case of Japanese Semiconductor Firms [J]. Journal of

International Business Studies,1989,20(2): 296-314.

[45] Kim WC, Hwang P. Global Strategy and Multinationals' Entry Mode Choice[J].Journal of International Business Studies,1992,23(1):29-53.

[46]Kogut B,Singh H.The Effect of National Culture on the Choice of Entry Mode[J]. Journal of International Business Studies,1988,19 (3) :411-432.

[47]Kogut B,Zander U.Knowledge of the Firm and the Evolutionary Theory of the Multinational Corporation[J].Journal of International Business Studies,2003,34 (6):516-529.

[48]Kostova T.Success of the Transnational Transfer of Organizational Practices within Multinational Companies[D].Minneapolis: University of Minnesota,1996.

[49]Kreutzer R T.Marketing-mix standardisation: an integrated approach in global marketing[J].European Journal of Marketing,1988,22(10): 19-30.

[50]Kuo H C, Li Y.A Dynamic Decision Model of SMEs' FDI[J].Small Business Economics,2003,20 (3) :219-231.

[51]Laforet S,Saunders J.Managing brand portfolios: how the leaders do it[J]. Journal of Advertising Research,1994,34(5): 64-77.

[52] Leclerc F, Schmitt BH, Dubé L. Foreign Branding and Its Effects on Product Perceptions and Attitudes.Journal of Marketing Research[J].1994,31 (2): 263-270.

[53]Leuthesser L,Kohli C,Suri R.A Framework for Using Co-Branding to Leverage a Brand[J].Brand Management,2003,11(1):35-47.

[54]Levitt T.The Globalization of Markets[J].Harvard Business Review,1983, 61(3):92-102.

[55]Li H,Reynolds J F.On definition and quantification of heterogeneity[J]. Oikos,1995,73(2): 280-284.

[56]Markus H R,Kitayama S.Culture and the self: Implications for cognition, emotion,and motivation[J].Psychological review,1991,98(2): 224.

[57] Meffert H. Perspectives of marketing in the field of tension between

standardization and differentiation. Theses on the challenges of the nineties [J]. Markenartikel (Germany, FR), 1986.

[58] Meffert H, Bolz J. Internationales Marketing-Management [M]. Stuttgart: Kohlhammer, 1994.

[59] Mishina, Y, Pollock, T G, Porac J F. Are More Resources Always Better for Growth? Resource Stickiness in Market and Product Expansion [J]. Strategic Management Journal, 2004, 25(12): 1179-1197.

[60] Modood T, Berthoud R, Lakey J, et al. Ethnic minorities in Britain: diversity and disadvantage [M]. London: Policy Studies Institute, 1997.

[61] Morrison S, Crane F G. Building the service brand by creating and managing an emotional brand experience [J]. Journal of Brand Management, 2007, 14 (5): 410-421.

[62] Ogden D T, Ogden J R, Schau H J. Exploring the impact of culture and acculturation on consumer purchase decisions: Toward a microcultural perspective [J]. Academy of Marketing Science Review, 2004, 3(1): 1-22.

[63] Onkvisit S, Shaw J. Self-concept and image congruence: Some research and managerial implications [J]. Journal of Consumer Marketing, 1987, 4(1): 13-23.

[64] Pan, Y. Tse, D. K. The hierarchical model of market entry modes [J]. Journal of International Business Studies, 2000, 31(4): 535-554.

[65] Papadopoulous. What Product and Country Images Are and Are Not, Product to country Images: Impact and Role in International [J]. New York : International Business Press, 1993, 3-38.

[66] Patrick Barwise and Thomas Robertson. Brand Portfolios [J]. European Management Journa1, 1992, 10, (3): 277-285.

[67] Peng M W, Wang D Y L, Jiang Y. An institution-based view of international business strategy: A focus on emerging economies [J]. Journal of international business studies, 2008, 39(5): 920-936.

[68] Pulakos E D, Arad S, Donovan M A, et al. Adaptability in the workplace:

Development of a taxonomy of adaptive performance [J]. Journal of applied psychology,2000,85(4):612.

[69]Rao, Akshay R,Ruekert,Robert W.Brand Alliances as Signals of Product Quality [J].Sloan Management Review,1994,36(1):87-97.

[70] Rau P A, Preble J F. Standardisation of marketing strategy by multinationals[J]. International Marketing Review,987,4(3):18-28.

[71] Remmerbach K U, Walters M. Markenstrategien im europäischen Binnenmarkt[J]. Handbuch Markenartikel,1994,1:1.

[72] Riesenbeck H, Freeling A. How global are global brands? [J]. The McKinsey Quarterly,1991 (4):3-19.

[73]富兰克林 R 鲁特.进入国际市场的战略[M].李冀凯,等,译.北京:中国经济出版社,1992.

[74] Root F. Entry strategies for international markets [M]. Lexington Books,1994.

[75]Ryans Jr J K,Griffith D A,Steven White D.Standardization/adaptation of international marketing strategy: Necessary conditions for the advancement of knowledge[J].International Marketing Review,2003,20(6):588-603.

[76] Sambfiarya R B. Foreign experience of top management teams and international diversification strategies of U.S multinational corporations[J].Strategic Management Journa1,1996,17(9):739-746.

[77] Samiee S, Jeong I, Pae J H, et al. Advertising standardization in multinational corporations: The subsidiary perspective [J]. Journal of Business Research,2003,56(8):613-626.

[78]Samiee S,Roth K.The influence of global marketing standardization on performance[J].The Journal of Marketing,1992,56(2):1-17.

[79] Samiee S, Walters P G P. Relationship marketing in an international context: a literature review[J] International business review,2003,12(2):193-214.

[80]Schuh A. Global standardization as a success formula for marketing in

Central Eastern Europe? [J].Journal of World Business,2000,35(2): 133-148.

[81]Schmid S, Kotulla T.50 years of research on international standardization and adaptation—From a systematic literature analysis to a theoretical framework[J]. International Business Review,2011,20(5): 491-507.

[82]Simonin B L, Ruth J A.Is a company known by the company it keeps? Assessing the spillover effects of brand alliances on consumer brand attitudes[J]. Journal of Marketing Research,1998,35(1): 30-42.

[83]Still R R, Hill J S.Multinational product planning: a metamarket analysis [J].International Marketing Review,1985,2(1): 54-64.

[84]Townsend J D, Yeniyurt S, Deligonul Z S, et al.Exploring the marketing program antecedents of performance in a global company[J].Journal of International Marketing,2004,12(4): 1-24.

[85]Triandis H C.The self and social behavior in differing cultural contexts [J]. Psychological review,1989,96(3): 506-520.

[86] Van Gelder S. Global brand strategy: unlocking brand potential across countries, cultures & markets[M].London:Kogan Page Publishers,2003.

[87]Van Raaij W F.Globalisation of marketing communication? [J].Journal of Economic Psychology,1997,18(2-3): 259-270.

[88]Wernerfelt B.A resource-based view of the firm[J].Strategic Management Journal, 1984,5 (2):171-180.

[89]Whitelock J, Fastoso F.Understanding international branding: defining the domain and reviewing the literature[J].International Marketing Review,2007,24 (3) :252-270.

[90]Whitelock J M.Global marketing and the case for international product standardisation[J].European Journal of Marketing,1987,21(9): 32-44.

[91]Williams L J, Anderson S E.Job satisfaction and organizational commitment as predictors of organizational citizenship and in - role behaviors [J]. Journal of management,1991,17(3): 601-617.

[92] Wolff, James A Pett, Timothy L. Small - business internationalisation: the relationship between firm resources and export competitive patterns in exporting [J]. International Journal of Management and Decision Making, 2004, 5(2-3): 246-262.

[93] World Economic Forum(WEF).The World Competitiveness Report, 1997.

[94] Xu D. The Effect of Institutional Distance on Multinational Enterprise Strategy[D]. North York: York University, 2001.

[95] Yiu D, Makino S.The Choice Between Joint Venture and Wholly Owned Subsidiary: An Institutional Perspective[J].Organization Science, 2002, 13 (6) :667-683.

[96] Young S, Hood N, Dunlop S. Global Strategies, Multinational Subsidiary Roles and Economic Impact in Scotland (1988) [J].Palgrave Macmillan UK, 2003, 22 (6) :487-497.

[97] YU C M J, ITO K.Oligopolistic Reaction and Foreign Direct-investment: the Case of the United-states Tire and Textiles Industries[J].Journal of International Business Studies, 1988, 19(3):449-460.

[98] Zou S, Fang E, Zhao S.The effect of export marketing capabilities on export performance: an investigation of Chinese exporters [J]. Journal of International marketing, 2003, 11(4): 32-55.

[99]曹建海.过度竞争论[M].北京:中国人民大学出版社,2000:10-11.

[100]陈春慧,纪秋颖.中国品牌国际化现状和发展模式探索[J].区域经济评论,2007(1):32-34.

[101]陈柳.文化认同、跨国文化竞争与中国品牌国际化[J].学习与实践,2012(3):12-17.

[102]大石芳裕.全球品牌管理[M].东京:东京白桃书房,2004.

[103]Douglas S P, Wind Y.全球化的神话[J].哥伦比亚世界商业杂志,1987,22(4):19-29.

[104]杜尚义."海尔""TCL""格兰仕"国际化模式比较分析[J].经济与管理,2008(07):53-59.

[105]范秀成,张彤宇.论跨国公司的联合品牌战略[J].外国经济与管理,2003(09):2-6,18.

[106]菲利普·科特勒,加里·阿姆斯特朗.市场营销[M].余利军,译.北京:华夏出版社,2001:121-135.

[107]费明胜.跨国经营品牌战略模式的选择[J].江苏商论,2005(10):79-81.

[108]关辉,谢颖.品牌国际化概念和内涵的界定及模式分析[J].黑龙江对外经贸,2006(10):52-53,101.

[109]郭姵君,苏勇.中国企业品牌国际化战略研究[J].市场营销导刊,2007(01):57-60.

[110]韩中和.品牌国际化研究述评[J].外国经济与管理,2008,30(12):32-38.

[111]韩中和.品牌国际化战略研究[J].国际商务研究,2002(4):24-28.

[112]何佳讯.推进中国品牌战略转型[J].广告大观(综合版),2004(1):140-141.

[113]黄琬舒.后危机时代我国企业的品牌国际化经营模式探究——基于格兰仕和海尔的案例视角[J].中国商贸,2011(17):194-195.

[114]金碚.中国工业国际竞争力——理论、方法与实证研究[M].北京:经济管理出版社,1997,31.

[115]李胜兵,卢泰宏.品牌个性维度的本土化研究[J].南开管理评论,2003,6(1):4-9.

[116]李娜.企业品牌国际化过程的差异化战略探究[J].邢台学院学报,2018(1):103-105.

[117]李英,王晨筱,李晓.要素供应商视角下要素品牌战略实施初探[J].商业经济研究,2015(24):67-68.

[118]李东升.企业品牌国际化的成长路径:基于格兰仕的个案分析[J].国际经济合作,2009(07):79-81.

[119]理查德·罗宾逊.企业国际化导论[M].北京:对外贸易教育出版

社,1989.

[120]林俐.国际化经营两大发展模式的比较研究[J].国际贸易问题,2003(04):32-35.

[121]刘文纲,赵占明.中国企业国际化经营中的品牌战略变迁路径[J].北京工商大学学报:社会科学版,2004(05):68-71.

[122]刘欣.华为自主品牌产品走向世界市场的国际化战略及实施路径[J].对外经贸实务,2016(08):23-26.

[123]刘志彪.全球化背景下中国制造业升级的路径与品牌战略[J].财经问题研究,2005,(5):25-31.

[124]卢孜恒,陆亚琴.我国民营企业"走出去"的风险和战略选择[J].时代金融,2011,(4):81-82.

[125]吕艳霞.民营企业跨国经营的渐进式发展模式选择——以华为为例[J].价值工程,2012,31(35):116-118.

[126]迈克尔·波特.国家竞争优势[M].北京:中信出版社,2012.

[127]孟雷.品牌国际化的模式选择[J].商业研究,2002(13):94-95.

[128]潘林兴.中国家电品牌国际化道路探讨[J].国际经贸,2018(4):1-2.

[129]盛楠,张大亮,邢以群.中国企业品牌国际化模式及条件研究[J].经济论坛,2009(21):7-11.

[130]宋永高.中国品牌国际化的市场选择模式[J].商业研究,2003(13):148-149.

[131]苏勇,张明.试论品牌国际化的内涵及其标准[J].市场营销导刊,2005(06):52-54.

[132]苏勇,张明.品牌国际化的内涵及其标准[J].品牌战略,2003:14-15.

[133]孙晓强,苏勇.中国企业品牌国际化的路径选择[J].经济管理,2007(01):6-10.

[134]田剑英.民营企业自主品牌国际化的决策因子分析——以宁波市为例[J].经济社会体制比较,2009(02):169-172.

[135]王卫红,张超.珠三角企业品牌国际化路径模式及其启示[J].战略决

策研究,2012,3(01):66-71.

[136]韦福祥.品牌国际化经营中国际化与本土化矛盾之平衡[J].天津商学院学报,2000(2):32-34.

[137]韦福祥.品牌国际化:模式选择与度量[J].天津商学院学报,2001(01):27-30.

[138]吴晓云,卓国雄,邓竹箐.跨国经营:全球品牌战略与本土化管理——以摩托罗拉手机全球品牌和60家相关公司的实证资料为案例[C].中国市场学会2006年年会暨第四次全国会员代表大会论文集,2006:139-146.

[139]缐理.差异化竞争战略在品牌管理中的应用研究[J].经营管理者,2015(30):268.

[140]杨海儒.中国企业国际化战略选择及其影响因素的探讨[J].科技管理研究,2011,31(13):124-126.

[141]杨光玉,王海忠.中国企业品牌国际化升级路径研究——从品牌机制角度探究国际化品牌长青基因[J].科技进步与对策,2014(03):104-108.

[142]袁胜军,符国强.原产地形象对中国品牌国际化的启示[J].软科学,2012(02):45-49.

[143]张敏,武齐.发展中国家企业品牌国际化路径分析——来自韩国的启示[J].国际贸易问题,2010(10):52-56,63.

[144]周正平.中国民营企业跨国经营成长模式及选择[J].特区经济,2007,(10):97-99.

[145]朱晞颜,李汉铃.论中国企业跨国经营的跨越式发展模式[J].国际贸易问题,2002(09):40-44.